신성종 목사

핵심스마트설교 ③

핵심스마트설교 ③

하늘에서 주신 바 아니면

신성종 목사 지음

도서출판 한글

‖ 머리말 ‖

당신은 왜 사는가?

신성종 목사(크리스천 문학나무 편집인)

우리가 살다 보면 왜 사는지 종종 잊을 때가 있다. 그래서 가끔은 자신에게 나는 왜 사는가 하고 물어볼 필요가 있는 것이다. 사실 산다는 것은 생각처럼 간단하지 않다. 많은 일들이 연결되기 때문에 마침내는 삶의 목적과 목표를 혼동할 수가 있다. 그래서 많은 사람들이 불행해지고 인생에 실패를 한다. 나는 아침에 일어나면 오늘은 무엇을 해야 할 것인가 하고 그날의 계획을 세워 본다. 가장 좋은 방법은 묵상기도를 통해 자신의 모습을 살펴보면서 나를 향한 하나님의 뜻을 찾으면서 목표를 세우는 것이다.

여기서 중요한 것은 인생의 목적과 목표는 다르다는 점을 분별하는 일이다. 목적은 내 인생의 궁극적 이유를 말하는 것이고, 목표란 그 목적을 이루기 위한 구체적인 수단과 방법을 말하는 것이다. 목적은 추상적인 것이 일반적이지만 목표는 구체적인 것이 특징이다. 그러나 많은 사람들은 이 목적과 목표를 혼동한다. 그래서 돈 버는 일에 일생을 다 허비하고 사업을 한다고 허비를 한다. 그러다가 늙고 죽을 때가 되어서야 내가 살아온 목적이 잘못된 것을 발견하고 후회를 하지만 그때는 이미 늦는다. 필자는 대학에 들어간 후에는 등록금을 벌기 위해서 가정교사를 하기도 하고 미국에 가서는 방학 때 농장에 가서 노동을 하기도 했다. 정원에 가서 풀을 깎기도 하고, 식당에 가서 접시 닦는 일을 하기도 했다. 그러나 등록금을 번 후에는 다시 공부하는데 전념했다. 박사 학위를 받은 후에는 가르치고 책을 쓰기 위해서 공부를 지금도 계속하고 있지만 다행히도 목적과 목표를 혼동하지는 않았다. 그러나 방황이 전혀 없었다고 하면 그것은 거짓이다. 그래서 노년이 되어 자신을 살펴보면 남들처럼 벌어놓은 재물은 없지만 한 번도 굶은 적은 없었다. 빈손으로 왔다가 빈손으로 가는 인생이니 후회는 없다. 그러다 보니 그동안 4만여 권의 책을 읽었고 백사십 권이 넘는 책을 썼다.

나의 인생의 목적은 나의 설교와 강의와 글을 통해 하나님의 영광을 드러내려고 최선을 다한 것이다. 내가 살아온 것이 성공인지 실패인지는 후세가 평가하겠지만 확실한 것은 곁눈질하지 않고 열심히 외길로 살아왔다고 생각한다.

나는 목표를 시간적 순서에 따라 정한다. 어떻게 보면 좀 따분한 삶이기는 하지만 그러나 후회는 없다. 지금까지 살아온 대로 다시 살라고 하면 그렇게 열심히 살 것 같지는 않다. 하나님께 영광이란 목적을 위해 때로는 목회를 했고, 때로는 학교에서 강의를 했고, 선교를 하기도 하였다. 나의 잡념을 정리하기 위해 시를 쓰다가 시인으로 등단하기도 했다.

사랑하는 형제자매들이여, 당신들의 삶의 목적은 무엇이며 그것을 이루기 위해서 어떤 목표를 세우고 있는가? 과연 당신의 목표가 목적과 상충되지는 않는가? 우리들의 삶의 목적은 하나님이 기뻐하시는 것인가? 목표는 당신의 목적과 직접 연결이 되고 있는가? 혹시나 방황하고 있지는 않는가? 인간이 산다는 것은 간단하지 않기 때문에 방황할 때도 없지 않지만 그러나 그것이 하나님께서 기뻐하시는 것인가를 자신에게 자주 물어보아야 한다.

그때 필요한 것이 묵상기도이다. 많은 사람들은 예배 때만 묵상기도하는 것으로 알고 있지만 아침마다 일어나서 매일 매순간 점검해 보지 않으면 허송세월을 할 수 있음을 잊지 말자.

이번에 심혁창 장로님의 도움으로 그동안 내가 설교했던 내용들을 모아 수십 권의 책들을 출판하게 된 것을 주님께 감사한다. 별로 잘 쓴 글들은 아니지만 많은 후배 목사들에게 자신의 설교와 비교해 보고 또 요약해서 자신이 살을 붙이면 좋은 자신의 설교가 되리라 믿고 감히 나의 치부들을 내놓는다. 일반 성도들은 가족들과 함께 큰소리로 읽어보면 큰 은혜가 될 것이다.

작은 종 신성종 드림.

목차

우리의 당면한 위기와 해결방법

(에 9:25-29)

1. 왜 우리가 오늘 모여서 기도합니까?

이유가 분명해야 합니다. 그것은 지금 우리가 '큰 위기'에 처해 있기 때문입니다. 우리는 지금 총체적 위기에 처해 있습니다. 재미있는 것은 위기라는 한자의 뜻입니다. 위기(危機) 여기서 '위'란 말은 위험이란 뜻이고 '기'란 말은 기회란 말입니다. 다시 말해 지금은 위기지만 그러나 또한 기회가 된다는 말입니다. 믿습니까?

우리는 지금 크게 여섯 가지 위기에 놓여 있습니다.

(1) 첫 째는 갈등과 분열의 위기입니다

우리의 갈등을 해결하기 위해 박근혜 대통령을 탄핵해서 쫓아내고 문재인을 대통령으로 뽑았습니다. 그러나 지금 갈등과 분열이 해결된 것이 아니라 오히려 더 심해졌습니다. 촛불집회 후에 데모가 40%나 증가했습니다. 지금 한국에서는 계급투쟁이 벌어지고 있습니다.

저는 주로 지하철을 타고 광화문을 지나가는 버스는 안 탑니다. 데모하지 않는 날이 거의 없기 때문입니다.

(2) 두 번째는 경제적 위기입니다

달러 환율이 계속 올라가 난리인데 문제는 기업과 가정과 정부가 지금 지고 있는 부채가 3,783조 원(전 국민이 3년간 한 푼도 안 쓰고 갚아야 할

만큼의 큰돈)입니다. 물론 경제도 성장한 것 같지만 실상은 성장의 궤도
를 완전히 이탈했습니다. 빈부의 격차, 인구의 고령화까지. 앞으로 많은
기업들이 도산할 것이고 가정이 뿔뿔이 살길을 찾아 흩어질 것입니다.

(3) 세 번째 가장 큰 위기는 '청년의 위기'입니다

청년 실업자가 100만 명이 넘어가고 있습니다. 그런데다 소비심리가
장기불황으로 이어지고 있습니다. 대학에 들어가기 위해 사교육비가 얼
마나 많이 들어갑니까? 그래서 소위 일류대학에 들어가면 기뻐하고 난
리지만 취직 못한 일류대학이 무슨 소용입니까? 더욱 기막힌 것은 취업
한 사람들도 비정규직이 너무 많습니다.

청년들이 일할 기회가 없는 나라에 무슨 희망이 있습니까? 취직해도
은행에서 융자하여 공부한 사람들은 그것을 갚을 길이 없습니다. 결혼
은 생각도 못할 정도입니다. 자식들에게 왜 결혼하지 않느냐고 재촉하
지 마세요. 젊은이들의 심사는 자살할 정도입니다. 왜 자살률이 세계에
서 제일 높습니까? 취직이 되어도 60에는 거의 은퇴를 해야 합니다. 수
명이 길어져서 100세까지는 더 살아야 하는데 은퇴 후 40년간은 무엇
을 먹고 삽니까? 지금 청년들은 56.4%가 결혼이 아닌 동거를 택하고
있습니다.

(4) 네 번째 경제체제인 자본주의가 수명을 다했다는 데 있습니다.

세계는 그동안 중앙관리체제의 공산주의와 시장경제의 자본주의로
양분되어 있었으나 이미 공산주의는 러시아가 소비에트 연방국을 포기
하면서 공산주의는 이론상으로 이미 죽었습니다. 중국도 경제는 자본주
의를 따르고 있고 북한도 중국을 모방하려 하고 있습니다.

그런데 문제는 우리의 경제체제인 자본주의가 수명을 다해서 앞으로
세계는 대수술을 해야 살게 되어 있다는 데 있습니다. 현재의 자본주의

는 14가지 큰 문제를 안고 있습니다. 경제 세미나가 아니기 때문에 자세히 말씀드릴 수는 없고, 세 가지만 말씀드리겠습니다. 자본주의로서는 첫째 '빈곤해결책이 없다'. 둘째는 '불평등이 더욱 심해질 것이다'. 셋째로 '기기자동화로 인해 일자리가 없어진다.'

앞으로 많은 분야의 일자리를 로봇이 반 이상 차지하게 될 것입니다. 사람들은 계속해서 '개인주의와 사리사욕에만 집중'하게 될 것입니다. 그래서 필립 코틀러를 비롯한 많은 전문가들은 이미 자본주의는 죽었다고 합니다. 한 가지 확실한 것은 '자본주의에는 행복이 없다'는 점을 알아야 합니다. 왜냐하면 충분한 고용과 경제 성장률을 달성할 수 없는 '영속적인 경기 침체'를 가져왔기 때문입니다. 자본주의 체제에서 잘 사는 방법은 두 가지밖에는 없습니다. 재벌의 자녀로 태어나 상속을 받거나 아니면 정치와 결탁해서 사기를 치는 길밖에 없습니다.

물론 자본주의만으로 안 되기 때문에 문제인 대통령이 사회주의적인 것을 가미하여 해결하려고 하지만 그것으로도 안 됩니다. 결국 대기업도 깨지고, 중소기업도 깨지고, 시장경제도 깨지고, 우리도 깨집니다. 그러므로 우리는 나라와 대통령을 위해 기도해야 합니다. 지금 북한에 나가고 있는 경제적 손실이 천문학적인 것을 알고 계십니까? 대통령이 미워도 그분을 위해 기도해야 우리가 삽니다.

지금 한국은 투자부진으로 인해 새해의 성장률을 얼마로 잡았는지 아십니까? 정부는 2.7%라고 하지만 한국개발연구원에서는 2.6%로 발표했습니다. 한국은 3%가 되어야 현상유지가 되는데(매년 오르는 인플레 등을 감안한 것) 이것은 마이너스 성장이란 뜻입니다. 지금 IMF 때보다 더 어려워지고 있다고 합니다. 이것이 위기가 아닙니까?

그런데 더 큰 문제는 우리나라의 상속세가 65%입니다. 세계에서 가장 높습니다. 스위스나 스웨덴이나 호주 같은 나라는 전혀 없습니다.

왜 한국에만 유산세가 이렇게 높은가요? 그것은 재벌들을 다 탈세와 정경유착으로 돈을 벌었다고 보기 때문입니다. 따지고 보면 정경유착의 죄는 대기업과 정부가 함께 저질러 놓고 재벌만 법적으로 다스리는 것입니다. 그래서 삼성 같은 기업은 상속세를 다 낼 경우 결국 한국에서 기업을 할 수 없어 미국과 인도와 베트남으로 갈 것이란 소문이 그만한 근거가 있습니다.

삼성의 본사가 외국으로 이전하면 우리나라의 GDP의 20%(220조 원)가 줄어듭니다. 게다가 최근에는 대기업은 협력사인 중소기업과 이익을 나누라고 정부가 개입하고 있습니다. 물론 대기업은 중소기업에게 이익을 분배해야 합니다. 그러나 그것을 권력으로 조정하면 우리나라의 시장경제가 무너집니다. 시간이 걸려도 설득을 해야지 권력으로 하면 더 큰 문제가 생깁니다. 그런데 내년 예산을 9.7% 증가시키고 있는데 이것 또한 큰일입니다. 저도 10%의 세금을 더 내야 하는데 어떻게 감당합니까?

제가 걱정하는 것은 지금 대기업 대부분이 다 같은 문제를 안고 있고, 심지어 한국의 괜찮은 중소기업의 30%도 매물로 내놓고 있는 형편입니다. 정부가 지금의 오너들 버릇을 다 고치려는 계획을 가지고 있지만 결국 전문경영인으로 가겠다는 것인데, 그럴 경우 국민연금이 모든 권한을 차지하게 되는데 문제는 지금도 거기에는 노조가 힘을 가지고 좌우하는데 있습니다. 그렇지 않아도 노조로 인해 사업하기가 힘든데 대기업이 다 이렇게 무너지면 한국은 다시 후진국이 되고 말 것입니다. 저는 지금 한국의 대기업들이 회개해야 한다는 데 이의가 없지만 그것을 권력으로 해결하려고 한다면 결국 시장경제도 무너지고 자본주의도 무너집니다.

그런데 이해 못할 것은 지금 북한에 평화를 내세워 구걸하고 있는 점이 옛날 송나라가 돈으로 평화를 구걸하다가 금나라, 나중에 이름을 원나라라고 했는데 결국 송나라의 망하는 꼴을 닮을까 봐 두렵습니다. 제가 이번에 「성서적으로 본 세계사」란 책을 썼습니다. 그래서 세계사를 조금 압니다.

미국에서는 90년대에 집 없는 사람들에게 금융기관을 통해서 모기지 제도로 싸게 돈을 빌려주어 많은 사람들이 집을 살 수 있도록 하고는 그 후에 은행들이 금리를 대폭 올려서 많은 사람들이 결국 집을 잃고 망했습니다. 지금은 매달 50만 명씩 일자리를 잃고 있습니다. 예언한 대로 자본주의는 국민들의 피를 빨아먹는 흡혈귀가 되고 만 것입니다. 그렇다고 사회주의로 돌아가면 살 수 있는가? 사회주의는 중앙에서 경제를 관리하기 때문에 결국 중국처럼 독재국가가 되고 맙니다. 더 위험한 것입니다.

(5) 백년 안에 대한민국이 지도에서 없어질지도 모른다는 경고

다섯 번째 위기는 한국이 지금 GMO(Genetically Modified Organism: 유전자 변형 농산물) 세계 1위 수입국인데 그 중독으로 인해 '자살률'이 높아지고 '각종 질병'이 많아지고 '불임'으로 인해 '인구가 급강하'하기 시작하고 있기 때문에 백년 안에 대한민국이 지도에서 없어질지도 모른다는 경고가 나온 것입니다.

2. 해결책

그러면 그 해결책은 무엇인가요? 죄송한 얘기입니다만 없습니다. 있다면 페르시아 시대에 하만이 모든 유대인들을 다 죽이려고 했을 때처럼 하나님께 매어달리는 길밖에는 없습니다. 우리도 이제 남은 것은 에스더처럼 "죽으면 죽으리이다"(에4:16)하는 결사적인 자세로 하나님 앞에 매어달려 나라와 이 민족을 살려달라고 기도하는 길밖에는 없습니

다. 하나님으로부터 해답을 받아야 합니다.

또 다른 예는 미스바의 회개운동(삼상7:7-12)을 해야 합니다. '미스바'
란 말은 '파수대'란 뜻입니다. 적의 실정을 보고 안에 있는 우리 백성들
의 문제를 살피는 곳이란 뜻입니다. 성경(삼상7:9)에 보면 "사무엘이 이
스라엘을 위하여 부르짖으매 여호와께서 응답하셨더라"고 했습니다. 그
것이 한 방법입니다.

감사하게도 우리에게는 모든 것의 해답을 주는 성경책이 있습니다.
그 안에 모든 해답이 기록되어 있습니다. 그러므로 오늘은 하나님께 함
께 부르짖읍시다. 왜냐하면 하나님께서는 "모든 것의 해결자"이시기 때
문에 어린애처럼 울고 부르짖으면 해결의 길이 열릴 줄 믿습니다. 에스
더처럼 부르짖으면 살리라. 왜냐하면 시 81:10절에 입을 크게 열면 산
다고 했기 때문입니다.

물론 자본주의만으로 안 되기 때문에 문재인 대통령이 사회주의적인
것을 가미하여 해결하려고 하지만 그것으로 안 됩니다. 결국 대기업도
깨지고, 중소기업도 깨지고, 시장경제도 깨지고, 우리도 깨집니다. 이러
다가는 북한에게 먹히고 맙니다. 그러므로 우리는 대통령을 위해서 기
도해야 합니다.

지금 북한에 나가고 있는 경제적 손실이 천문학적인 것은 알고 계십
니까? 대통령이 미워도 그분을 위해 기도해야 우리가 삽니다. 그러므로
지금 온 민족이 함께 입을 크게 열고 회개하며 부르짖어 기도하기를 축
원합니다. 온 민족이 부르짖으면 하나님께서는 우리를 구원하여 세계의
제사장 국가로 만들어주실 것을 믿습니다.

아멘, 할렐루야!

성령도 우리 연약함을 도우시나니

(롬8:26~27)

기도하는 것은 쉽지 않습니다. 응답되어야 하는데 응답되는 기도는 쉽지 않습니다. 그래서 많은 분들이 기도생활을 중간에 포기하고, 그저 형식적인 기도생활을 합니다. 그러나 오늘 본문은 기도에 확신을 줍니다. "성령도 우리 연약함을 도우시나니" 우리가 혼자서 기도하는 줄 알았는데 성령께서 도와주신다는 것입니다. 할렐루야.

1. 응답받는 기도

기도에서 중요한 것은 응답받는 기도인데 문제는 우리가 하나님의 뜻대로 기도하지 못한다는 점입니다. 불행하게도 우리는 하나님이 원하시는 것이 무엇인지를 모릅니다. 그러나 성령은 도와주시는 것입니다. "우리가 마땅히 빌 바를 알지 못하나" 이것은 모든 사람을 두고 하는 말입니다. 그래서 성령은

(1) 유익을 깨닫게 해 줌

우리에게 가장 유익한 것이 무엇인지를 깨닫게 하여 줌으로써 바른 기도를 하도록 만들어주십니다.

(2) 미래를 알려줌

우리는 한 시간 후에 무엇이 일어날지를 모릅니다. 미래에 어떤 일이 다가올지를 모르고 살고 있습니다. 그런데 성령은 우리의 가까운 미래

는 물론 저 먼 미래까지 다 알고 계셔서 기도의 방향을 바로잡아줍니다.

(3) 저주의 기도를 축복의 기도로

우리는 감정의 지배를 받습니다. 남들과 마음이 상하면 죽이고 싶도록 밉습니다. 그래서 마음으로 저주를 하지만 기도를 하다 보면 성령이 그게 아냐 하고 저주의 기도를 축복의 기도로 바꾸어줍니다.

(4) 정신통일을 도우심

정신이 통일되지 않고 자꾸만 방황하게 되는데 이것을 성령께서 막아줍니다.

2. 성령이 친히 간구하여 주십니다.

여러분, 우리가 잊어버리고 안 한 기도를 성령이 대신하여 주는 것을 잊지 마시기를 바랍니다. 내가 기도도 안 했는데 안 해도 되는구나가 아닙니다. 누군가 대신 기도하여 주는 분이 있는 것을 알아야 합니다. 바로 성령이시고, 또 날마다 강단을 지키는 목회자들이고, 또 나의 형편을 알고 있는 우리 성도들의 중보의 기도인 것입니다.

그러면 혹시 내가 기도를 안 해도 되는구나 하고 생각하면 오해입니다. 성령께서 근심하십니다. 성령은 우리가 죄를 지을 때 근심하고, 기도하지 않을 때 근심하고, 교만하고 방탕할 때 근심합니다.

3. 성령은 우리의 연약함을 잘 아십니다.

우리가 기도할 때에 성령께서는 하나님의 뜻을 아시고, 우리의 기도의 방향을 하나님이 원하는 방향으로 운전할 뿐 아니라 또 친히 간구하여 주신다고 했습니다. 무엇보다도 성령은 우리의 연약함을 잘 아십니다. 기도하기를 쉬는 죄를 범하고, 자다가 깰 때가 되었는데도 예수님의 제자들처럼 마음은 원이로되 육신이 약하여 기도하는지 마는지 하는 우리들을 위하여 도와주시는 것입니다.

27절에 보면 하나님은 마음을 감찰하시는 분이라고 했습니다. 왜 감찰하시는 것일까요? 나쁜 방향으로 가지 않도록 하시기 위해서입니다. 선한 방향으로 가게 하기 위해서입니다. 성령의 열매를 맺도록 하기 위해서입니다. 천국백성으로서의 삶을 살도록 하기 위해서입니다.

감찰하신 다음에 하는 것은 우리의 기도를 도와주시는 것입니다. 왜 성령은 우리의 기도를 도와주시는 것일까요? 더 좋은 것도 많은데 왜 하필이면 기도를 도와주시는 것일까요? 신앙생활에서 가장 기본적인 것이 기도입니다. 기도를 하면 영혼이 숨을 쉽니다. 기도를 하면 승리합니다. 기도를 하면 다시 일어납니다. 기도하면 능력이 생깁니다. 기도하면 감당할 수 있습니다. 성령께서 하시는 것은 우리가 고기가 먹고 싶을 때 고기를 주시는 것이 아니라 낚시하는 법을 가르쳐주고 고기 잡는 법을 가르쳐 주어서 근본적으로 해결하도록 하는 것입니다.

우리에게 근본적인 것은 바로 기도하는 것입니다. 그러므로 기도하는 습관을 가지시기 바랍니다. 기도의 능력을 소유하시기를 바랍니다. 기도의 사람, 기도꾼이 될 수 있기를 축원합니다. 우리는 할 수 있습니다. 성령께서 우리의 후원자가 되셔서 도와주시고 인도하시기 때문에 할 수 있습니다.

능히 이기리라

(민13:25~33)

1. 모세는 12명의 정탐꾼들에게 무엇을 지시했을까요?

그 땅 거민들의 능력과 상태, 인구의 숫자, 땅의 지대와 지형, 성읍에 군사시설이 있는지 없는지, 있다면 어떤 것들인가, 땅이 농사가 잘 되는 옥토인지 아니면 박토인지, 수목의 유무 정도를 탐지하라고 했던 것입니다.

그런데 문제는 이 정탐은 하나님의 지시가 아니었습니다. 하나님은 단순히 약속의 땅인 가나안 땅을 주시겠다고 한 것입니다. 그러나 그들이 혹시나 실패하면 어떻게 하나 하는 불길함과 두려움을 가지고 있었기 때문에 정탐을 명령하였던 것입니다. 자신들의 앞날과 현재를 하나님께 완전히 맡기지 못한 데서 비롯된 것입니다. 다시 말하면 믿음이 부족해서 대중들은 정탐을 원했고, 모세는 그들의 주장대로 했던 것입니다.

2. 정탐꾼들은 무엇을 보았는가?

서로 상반된 것을 보았습니다, 서로 상반된 두 가지 보고를 했습니다. 세상에는 항상 양면성이란 것이 있습니다. 그래서 한쪽에서는 긍정적으로 보는데 또 다른 쪽에서는 부정적으로 봅니다. 이런 때 우리들은 어떻게 해야 합니까? 모세가 가나안 땅으로 가기 전에 각 지파 별로 12

사람의 정탐꾼을 보내었을 때에도 꼭 같은 현상이 일어났습니다.

(1) 정탐꾼들의 부정적인 보고

먼저 27~29절에 기록된 다수의 절망적인 보고부터 살펴보겠습니다.

열 명의 다수는 과연 가나안 땅은 젖과 꿀이 흐르는 땅이었습니다. 이렇게 말하면서 가지고 온 실과들을 그 증거로 보여주었습니다. 그런데 문제는 그 땅 거민은 강하고 성읍은 견고하고 심히 클 뿐 아니라 아낙자손들은 신장이 장대하여 우리들 스스로 보기에도 메뚜기 같다고 보고하였습니다. 당시 아낙 자손들이 얼마나 키가 크고 강한지 유대인들의 격언에 당할 수 없는 거인들을 아낙 자손 같다고 표현할 정도였습니다. 그러므로 우리는 능히 올라가서 그 백성을 치지 못하리라. 그들은 우리보다 강하니라고 결론을 내렸습니다.

(2) 여호수아와 갈렙의 신앙적 보고

다음은 여호수아와 갈렙의 신앙적 보고(민14:7~9)입니다.

이 둘은 과연 젖과 꿀이 흐르는 땅이었습니다. 그리고 심히 아름다운 땅입니다. 물론 그들이 크고 강한 것은 사실입니다. 그러나 여호와께서 우리를 기뻐하시면 우리를 그 땅으로 인도하여 들이시고, 그 땅을 우리에게 주시리라. 그러므로 그들은 우리의 밥입니다. 그들의 보호자인 신은 그들에게서 떠났고 여호와는 우리와 함께 하시느니라. 그들을 두려워할 필요가 없습니다. 담대합시다 하고 자신감 있게 보고 하였습니다.

지금도 우리는 이런 유사한 두 가지 보고 속에서 갈팡질팡할 때가 많습니다. 과연 이런 경우에 우리는 어떻게 합니까?

3. 다수의 보고에서 우리 자신이 극복해야 할 것 세 가지가 있음을 깨달아야 합니다.

(1) 다수의 의견이 항상 옳은 것은 아니라는 점입니다.

물론 우리가 사는 사회는 민주주의 사회이기 때문에 다수의 의견을 존중해야 합니다. 그러나 이 세상에서는 다수가 어리석음에 빠지고, 소수의 사람들이 옳을 때가 종종 있다는 점을 기억해야 합니다.

중요한 것은 믿음이지 이론이 아닙니다. 우리에게 구원을 주는 것은 믿음이지 결코 우리의 능력이나 노력이 아닙니다.

그러면 왜 같은 상황을 보면서 보고의 차이가 생겼을까요?

이들은 현상을 본 것은 꼭 같았습니다. 그러나 열 명의 다수는 현상만 보았고 그 뒤에 숨어 있는 것은 보지 못했습니다. 외형만으로 판단하였습니다. 그러나 여호수아와 갈렙은 신앙적인 관점에서 보았습니다.

첫째는 하나님은 살아계시고, 능력이 있으실 뿐 아니라 우리들을 돕고 계신다는 사실.

둘째는 하나님께서 우리들에게 그 땅을 약속했으니 우리를 인도하여 능히 승리하게 하실 것이라고 믿었던 것입니다. 이것을 우리는 긍정적 사고, 적극적 사고라고 말하기도 합니다.

(2) 부정적 비교의식을 버려야 합니다.

상대방은 키가 장대한데 나는 너무 작다는 비교의식을 버려야 합니다. 물론 우리가 살다 보면 전혀 비교를 안 할 수는 없습니다. 그러나 우리는 주님과 비교하고, 하나님의 말씀과 비교해야지 다른 사람들과 비교하지 마시기를 바랍니다. 비교하다 보면 결국 좀 나으면 교만하게 되고, 못하면 절망하게 됩니다.

그러므로 우리는 주님이 나와 같은 처지에 있다면 어떻게 하셨을까 하는 질문을 항상 하면서 주님과 비교할 수 있기를 바랍니다. 절대로 다른 사람과 비교하지 말기를 바랍니다. 다른 사람들과 비교하는 것은 나쁜 것입니다. 사탄이 사용하는 현대의 무기입니다.

(3) 나는 메뚜기에 불과하다는 열등감을 버려야 합니다.

우리는 나 자신을 업신여기는 말을 자주 씁니다. 엽전이니 핫바지니 도민증이니 하면서 자신을 업신여깁니다. 이것이 바로 메뚜기 심리입니다. 이것은 결코 겸손이 아닙니다. 또 따지고 보면 우리를 낳으신 부모님을 경멸하는 것이요 우리를 창조하신 하나님을 멸시하는 것입니다. 우리는 교만도 버려야 하지만 열등감도 버려야 합니다. 그래서 심리학에서는 자기존중을 강조합니다.

4. 여호수아와 갈렙에게서 배워야 할 몇 가지의 신앙적 자세가 있습니다.

(1) 하나님의 약속의 말씀을 기본으로 삼는 신앙

다수의 의견도 존중해야 하지만 하나님의 약속의 말씀을 기본으로 삼는 신앙을 가져야 합니다. 그러나 생활 속에서는 대부분의 경우는 이래도 좋고 저래도 좋은 경우가 많습니다. 이런 경우 다수의 의견을 따르는 것이 좋습니다. 그러나 진리냐 비진리냐의 경우에는 줄 선 사람이 얼마냐 하는 계산이 아니라 무엇이 진리의 편이냐를 판단하고 나가야 합니다.

(2) 내게 능력주시는 자 안에서 내가 모든 것을 할 수 있다

내게 능력주시는 자 안에서 내가 모든 것을 할 수 있느니라(빌4:13)는 하나님만을 의지하는 절대 신앙을 가져야 합니다. 일을 내가 합니까? 하나님께서 하게 해주십니다.

(3) 믿는 자에게는 능치 못할 일이 없느니라

할 수 있거든이 무슨 말이냐 믿는 자에게는 능치 못할 일이 없느니라는 주님의 말씀을 믿어야 합니다. 믿는 자에게는 능치 못할 일이 없느

니라고 했습니다. 믿음은 모든 것을 가능하게 만들어 주는 힘의 근원이 됩니다.

5. 40년간 광야에서 방황하며 연단을 받을 것을 말씀

왜 이스라엘 백성은 40년간의 방황을 하다가 광야에서 죽고 말았는가? 이것이 민수기의 주제입니다. 다시 말하면 민수기는 바로 이 질문에 대한 해답을 주고 있습니다. 오늘의 본문은 그 중에서도 가장 중요한 구절로서 이 문제에 해답을 기록하고 있는 말씀입니다.

무서운 것은 여호수아와 갈렙의 보고가 끝났을 때 회중들은 생각할 겨를도 없이 돌을 들어 여호수아와 갈렙을 치려고 했습니다.

왜 돌을 들어 치려고 했을까요? 자기들을 죽음의 길로 인도하려고 한다고 오해를 했기 때문입니다. 하나님은 이런 망발을 중지시키기 위해서 영광중에 그들에게 나타났습니다.

그러면 이런 대중의 태도는 무엇입니까?

그것은 11절에 보면 하나님께 대한 멸시요, 하나님께 대한 불신이라고 했습니다. 그러면서 전염병으로 이스라엘을 치시겠다고 했습니다. 바로 이때에 모세는 하나님께 중보의 기도를 시작했습니다. 하나님 만약 그렇게 되면 세상 사람들에게 하나님이 인도할 능력이 없어서 광야에서 죽게 하였다고 하면 하나님의 영광이 가려지니 노하기를 더디 하시는 하나님, 인자를 베푸시옵소서.

그래서 34절에 보면 가나안 땅을 탐지한 40일의 하루를 일 년으로 계산하여 40년간 광야에서 방황하며 연단을 받을 것을 말씀하신 것입니다. 신1:2절에 보면 불과 열 하룻길 밖에 안 되는 그 거리를 40년간 방황하였던 것입니다.

광야 이스라엘이 걸어갔던 길을 보면 대상들이 다니는 좋은 길인 왕의 대로로 가지 않고, 돌아갔습니다. 때로는 뒤로 돌아오기도 하였습니다. 그러다가 여호수아와 갈렙을 제외하고는 한 사람도 약속의 땅에 들어가지 못하고, 광야에서 죽고 말았습니다.

우리들은 이 민수기에서 하나님께서 우리들에게 하시려고 하는 계시의 말씀을 들어야 합니다. 깨달아야 합니다. 그것이 무엇입니까? 원망의 바이러스를 치료하고 버려야 한다는 것입니다. 다수의 불신보다는 비록 소수일지라도 신앙에 따라야 한다는 것입니다. 왜냐하면 우리는 믿음으로 구원받고, 믿음으로 승리하고, 믿음으로 주님의 일을 하기 때문입니다. 그러므로 오늘도 오직 믿음만을 앞세워 걸어가시기를 주님의 이름으로 축원합니다.

한 알의 밀이 떨어져 죽지 아니하면

(요12:20~25)

1. 안드레 전도방법

오늘 우리가 살펴보려고 하는 안드레는 예수님의 열두 제자 가운데 하나요, 베드로의 형제요, 더 중요한 것은 전도의 아버지입니다. 그의 전도방법은 모든 성도들에게 어떻게 전도를 시작할 것인가? 어떻게 전도할 것인가를 잘 보여줍니다. 그의 전도방법은 세 가지였습니다.

(1) 개인전도입니다.

요 1:41절에 보면 안드레는 예수님이 그들이 기다리던 메시야라는 것을 발견하고 제일 먼저 그의 형제인 베드로에게로 갔습니다. "우리가 메시야를 만났다"고 증언했습니다. 중요한 것은 베드로를 데리고 예수님께 왔다는 것입니다.

우리도 마찬가지입니다. 데리고 와야 합니다.

(2) 어린 아이를 예수님께 데리고 왔다는 것입니다.

안드레가 예수님께 말씀했습니다. "여기 한 아이가 있어 보리떡 다섯 개와 물고기 두 마리를 가졌나이다." 하면서 어린아이를 예수님과 만나게 해준 것입니다.

오늘 우리가 할 것은 만남을 주선해 주는 것입니다. 당시 아이들은 무시를 당했고, 숫자에도 밝지 못한 때였지만 중요한 것은 이들이 우리

의 소망이요 미래라는 것입니다. 그러면 그 아이가 가지고 있는 오병이
어는 기적을 일으키는 계기가 되고, 주님에게 쓰임을 받게 될 것이기
때문입니다.

  ⑶ 본문의 경우에서 볼 수 있는 대로 세상 사람들을 주님께로 인도
     하는 것입니다.

  명절에 헬라인 몇이 예배를 드리기 위해서 예루살렘에 올라왔습니다.
이들을 주님과 만나도록 주선하여 준 것입니다. 결국 전도란 것은 주님
과의 만남을 주선해 주는 중매쟁이와 같습니다. 이때 이 헬라인들을 향
해서 주님은 말씀했습니다.

  "인자의 영광을 얻을 때가 왔도다. 한 알의 밀이 땅에 떨어져 죽지 아
니하면 한 알 그대로 있고, 죽으면 많은 열매를 맺느니라."

  여기서 말하는 한 알의 밀은 주님 자신을 말씀한 것입니다. 그런데
놀라운 것은 주님은 죽는 것을 영광이라고 말씀했습니다. 주님은 본문
에서 그가 십자가를 지심으로 많은 사람들이 구원을 얻을 것을 말씀하
신 것입니다.

2. 많은 열매를 맺는 비결

  인간은 누구나 열매 맺기를 원합니다.

  성도들은 무엇보다 하나님과 우리 사이에 사랑과 희락과 화평의 열매
가 맺어져야 합니다. 또 나와 이웃 사이에 자비와 양선과 충성의 열매
가 맺어져야 합니다. 또 한편으로는 자신에게 충성과 온유와 절제의 열
매를 맺게 될 때에 우리는 성숙한 신자가 되는 것입니다

  주님은 많은 열매를 맺는 비결로써 땅에 떨어져 죽어야 한다고 했습
니다. 땅에 떨어지면 보이지 않듯이 자신을 나타내지 말며, 땅에 묻힌
밀은 사람들의 발에 밟히고 묻힙니다. 땅에 묻힌 밀은 밟아도 말이 없

고 어떤 변명도 없이 묵묵히 싹을 틔웁니다.

3. 살려면?

25절에는 기독교의 역설적 진리가 기록되어 있습니다.

"자기의 생명을 사랑하는 자는 잃어버릴 것이요, 이 세상에서 자기 생명을 미워하는 자는 영생하도록 보존하리라."

세상에 사는 사람들은 더 살기를 원하고 살아도 오래 살고 싶고, 영생하기를 원합니다. 그러면 자기 생명을 사랑하는 자는 어떤 사람입니까? 자기 중심의 삶을 사는 사람을 말합니다. 반대로 자기 생명을 미워하는 자는 어떤 사람입니까? 이 말은 결코 자기 존중을 하지 말라는 뜻이 아닙니다. 오히려 자기를 존중하는 사람만이 자기를 창조하신 분, 하나님을 존중하고 감사하고, 사명감이 있습니다.

따라서 자기를 미워하는 사람은 이 세상에 영원한 소망을 두지 않고, 하나님 나라에 더 애착을 가지고, 하나님 나라를 구하고 기도하는 사람입니다. 그런 사람은 영생을 얻을 것이라고 했습니다.

무엇이 영생입니까?

"영생은 곧 유일하신 하나님과 그의 보내신 자 예수 그리스도를 아는 것이"(요17:3)라고 했습니다. 여기서 안다는 말은 단순한 지식을 말하는 것이 아니라 체험적 지식을 말하는 것이요 깊은 관계를 가지는 것을 말합니다.

부활의 능력

(행9:19~22)

1. 부활의 의미

(1) 참 메시아 증명

예수님의 부활은 그가 참 메시아이며 하나님의 아들이심을 증명해줍니다. 이 세상의 어떤 사람도 죽었다가 다시 살아난 사람은 없습니다. 물론 예수님의 권능으로 살아난 나사로 같은 경우도 있지만 예수님처럼 무덤에서 스스로 부활한 사건은 역사적으로 예수님 외에는 없습니다. 그것은 예수님이 하나님의 아들이심을 증명해줍니다.

(2) 부활을 믿는 자는 다 구원받음

주님의 부활을 믿는 자는 다 구원함을 받을 뿐 아니라 영생의 소유자로서 하나님 나라에서 영원한 삶을 산다는 것의 보증수표가 됩니다.

(3) 그의 부활은 그가 생명이요 부활이심을 증명해 줍니다.

주님은 나사로를 살리시는 과정에서 "내가 부활이요 생명이니 나를 믿는 자는 죽어도 살겠고, 살아서 나를 믿는 자는 영원히 죽지 아니하리라"고 말씀하셨습니다.

이것이 바로 사망에 대한 주님의 승리를 말씀한 것입니다. 다시 말해서 주님의 부활을 통해서 우리는 다 죽음의 문제를 해결하게 된 것입니다.

(4) 부활이 주는 메시지

주님의 부활은 빛이 어두움을 물리쳤을 뿐 아니라 진리가 거짓을 밟았고, 생명으로 사망을 삼켰음을 선포한 것입니다. 따라서 주님의 부활은 우리들에게 인생의 의미를 새롭게 해주었고, 역사가 구원사로서의 의미가 있고, 목적과 방향이 있음을 보여준 것입니다. 그러므로 우리들에게 주님의 부활은 영원한 소망을 줍니다.

2. 부활을 어떻게 믿을 수 있는가?

(1) 예수님이 부활에 대한 예언을 하셨기 때문입니다(마12:40).

주님은 세 번 부활에 대해서 예언하셨습니다. 가이사랴 빌립보에서, 변화산에서의 변모 후에 그리고 예루살렘으로 가는 길에 예언했습니다.

(2) 천사의 증거가 있습니다(마28:5~6).

천사는 무덤에서 주님을 찾는 여인들에게 "그가 여기 계시지 않고 그의 말씀하시던 대로 살아나셨느니라."

(3) 빈 무덤의 증거가 있습니다.

부활을 반대하는 자들이 기절설, 이거설, 도적설을 만들어냈습니다. 그러나 빈 무덤은 오직 부활로만 설명이 가능합니다.

(4) 파수꾼들의 증거와(마28:11), 대제사장들의 음모(12절)

파수꾼들의 증거와(마28:11), 대제사장들의 음모(12절)가 바로 예수님의 부활을 증거해 줍니다.

이 파수꾼들은 대제사장들에게 돈을 받았습니다. 성경에 보면 돈을 많이 주라고 했습니다. 군병들은 대제사장들을 위해서 일하는 사람들입니다. 그들이 대제사장들에게 보고한 것은 부활이 틀림없음을 증거하니다. 또 대제사장들이 장로들과 함께 모여 의논을 하고 모의를 한 것은 주님의 부활이 바로 역사적인 사실이기 때문입니다. 무엇이라고 모의했습니까? "잘 때에 시체를 도적질하여 갔다"는 모의였습니다.

(5) 무덤을 찾아온 여인들의 증거가 있습니다(마28:9~10).

예수님은 여인들을 만나 "평안하뇨, 무서워 말라, 가서 내 형제들에게 갈릴리로 가라 하라. 거기서 나를 보리라".

(6) 부활의 주님을 만난 500명이 넘는 증인들이 있습니다.

주님은 승천하신 후에도 스데반과 바울과 사도 요한에게 나타나셨습니다. 이런 증거들을 환각작용이라고 할 수는 없습니다.

(7) 제자들에게 큰 변화가 일어난 것을 통해서 주님의 부활을 알 수 있습니다.

제자들이 얼마나 비겁했습니까? 베드로는 세 번이나 부인했습니다. 다른 제자들은 다 도망갔습니다. 그런 제자들이 갑자기 태도가 변했습니다. 순교하는 것을 조금도 주저하지 않았습니다. 이것은 무언가 큰 변화가 일어났다는 증거입니다. 제자들이 체험했다는 뜻입니다.

(8) 교회공동체를 일으킨 것으로 주님의 부활을 증명할 수 있습니다.

어떤 거짓도 2000년을 계속할 수 없습니다. 그런데 기독교는 계속해서 성장하고 있습니다. 만약 기독교가 부활이란 거짓 위에 세워졌다면 가말리엘의 말대로 스스로 무너지고 말았을 것입니다.

예수의 발에 붓고

(요12:1~8)

1. 두 가지 중요한 사건

본문의 말씀은 예수님의 생애 중에서 가장 중요한 한 주간에 일어난 사건입니다. 그 주간에 두 가지 중요한 사건이 일어났는데 하나는 예수님의 십자가 사건이고 다른 하나는 바로 마리아가 예수님의 장사를 위해서 그의 발에 향유를 부은 사건입니다.

2. 시몬과 나사로의 집 관계

그런데 마 26:6절에 보면 문둥이 시몬의 집에서 오늘의 사건인 향유 붓는 일이 일어났습니다. 그러나 본문에서는 베다니에서 일어났다고 했으니 도대체 문둥이 시몬과 나사로의 집과는 무슨 관계가 있는 것일까요? 왜 시몬의 집에서 잔치를 하게 되었을까요?

(1) 문둥이 시몬

마태복음의 내용을 보면 감사의 저녁 잔치였습니다. 본래 문둥병에 걸렸으나 주님으로부터 치유함을 받고, 그것을 감사하기 위해서 모인 것입니다. 그러면 이 문둥이 시몬은 누구입니까? 성경에는 누구라고 말하고 있지 않지만 마르다의 남편이든지 아니면 아버지였을지도 모릅니다. 그러나 중요한 것은 이것이 문둥병에서 치유함을 받은 것을 감사하는 잔치였고, 이때에 마리아가 예수님의 발에 향유를 부었다는 점입니다.

(2) 이 잔치는 대단한 용기의 표현이었습니다.

왜냐하면 당시 산헤드린공회가 예수님을 발견하는 즉시 고발하라는 명령을 하였기 때문입니다. 그러므로 큰 위험이 따르는 일이었습니다. 더구나 10~11절에 보면 나사로가 다시 살아난 후에는 부활의 증거 당사자로서 죽이도록 결의한 때였기 때문입니다. 이것은 순교적인 신앙이 아니고는 불가능합니다.

(3) 사랑의 기념비

막 10:33~34절에 보면 인자가 예루살렘으로 올라가면 대제사장과 서기관들에게 넘겨주겠고, 죽임을 당하겠다고 하신 말씀을 마리아는 알고 있었습니다. 다시 말하면 예수님이 십자가를 지실 것을 알고 있었습니다. 따라서 마리아가 예수님의 발에 향유를 부은 사건은 바로 사랑의 기념비를 세운 것입니다.

(4) 이 사건은 사랑의 허비이기도 하였습니다.

가룟 유다는 이 향유를 어찌하여 300데나리온에 팔아서 가난한 자들에게 주지 아니하였느냐고 이의를 달았습니다. 300데나리온은 노동자의 일 년 치의 임금에 해당하는 액수의 돈입니다. 이렇게 많은 것을 예수님의 발에 부었으니 분명 허비입니다. 그러나 놀라운 것은 예수님이 마리아에게 네가 과용했구나 라고 유다에게 동조하지 않았습니다.

오히려 나의 장사를 위하여 하였느니라 라고 마리아를 칭찬하였습니다. 예수님은 이미 세 번이나 십자가에서 죽으실 것을 말씀하였으나 예수님의 제자 중에는 아무도 예수님의 장사를 위해 준비한 것이 없었습니다. 다들 살 준비를 하였지 죽을 준비는 하지 않았습니다.

(5) 막 14:9절에 저를 기념하라고 하였습니다.

참 기념비는 내가 나를 위하여 세울 때 오는 것이 아닙니다. 내가 주님을 위해서 세우면 영원하신 주님께서 우리에게 영원히 기념이 되도록 행위록에 새겨주십니다.

3. 마리아가 향유를 부은 사건의 성경적 의미는?

(1) 거룩한 허비입니다.

주님이 기뻐하시는 허비를 의미합니다. 때로는 이런 거룩한 허비를 통해서 하나님은 영광을 받으시고 교회는 성장을 합니다. 항상 규모 있는 경제 활동을 해야 하지만 어떤 때는 유익한 허비를 통하여 관계를 좋게 하고 어려운 이들을 도울 수 있고 교회를 위해 봉사를 하면 하나님이 기뻐하시는 것입니다.

(2) 십자가의 의미를 깨달은 고백의 표현입니다.

다른 제자들은 주님의 십자가 지실 예언을 세 번이나 들었으면서도 깨닫지 못하고 준비하지 않았는데 마리아는 일평생 자신의 결혼을 위해서 모으고 저축한 것을 한 순간에 쏟아 넣었습니다. 왜냐하면 생명의 주님을 위해서는 아무것도 아까운 것이 없기 때문입니다.

(3) 왕의로서의 장례준비였습니다.

보통 사람들은 죽으면 그냥 묶어서 버립니다. 그러나 왕은 죽은 뒤에도 향유를 붓고 정성을 다해서 장례식을 치릅니다. 왕이기 때문입니다. 그러므로 마리아가 예수님의 발에 향유를 붓고, 머리로 닦은 것은 왕으로서의 예우를 한 것입니다.

(4) 오직 주님만을 바라보는 헌신의 표식입니다.

예수를 따르는 사람은 다 잡아서 죽이려고 결의가 되었고 점점 고삐를 조여 오는 때에 마리아의 향유를 부은 사건은 오직 주님만을 바라보는 헌신인 것입니다. 과연 우리에게는 이러한 헌신이 있습니까?

나를 섬기는 자도

(요12:26~36)

본문에서 예수님의 개인적인 초청을 발견하게 됩니다. 26절에 "사람이 나를 섬기려면 나를 따르라. 나 있는 곳에 나를 섬기는 자도 거기 있으리니 사람이 나를 섬기려면 내 아버지께서 저를 귀히 여기시리라".

1. 예수님을 따르는 두 가지의 동기

(1) 임마누엘의 약속

주님과 함께하기 위해서 따르는 것입니다. 26절에 "나 있는 곳에 나를 섬기는 자도 거기 있으리니."

주님을 따르면 함께 있겠다. 임마누엘의 약속입니다. 구약의 에녹이 한 일이라고는 자녀를 낳은 것과 하나님과 함께 한 것밖에는 없습니다. 그런데도 에녹을 신앙의 위인 가운데 하나로 꼽습니다. 왜냐하면 하나님과 함께하는 것, 동행하는 것, 따르는 것이 귀한 것이고, 하나님이 기뻐하는 것이기 때문입니다.

(2) "내 아버지께서 저를 귀히 여기시리라".

주님을 따르면 존귀함을 받는다는 것입니다. 인간은 다 존귀함을 받기를 원합니다. 이것을 자존심이라고도 합니다.

2. 존귀함을 받는 비결

(1) 예수님과 함께할 때

우리가 원님 덕에 나팔 분다는 말을 흔히 합니다. 예수님이 예루살렘 입성하셨을 때에 당나귀는 참 볼품없는 동물이지만 예수님을 등에 태웠다는 한 가지의 동기 때문에 예루살렘에 들어갈 수 있는 영광을 얻었고, 성경에 기록되는 영광을 얻었고, 사람들로부터 찬양을 받는 영광을 얻었습니다. 우리도 주님과 함께하면 주님의 존귀함을 함께 받을 수 있습니다.

(2) 섬기는 삶을 살 때

주님은 섬기기 위해서 이 세상에 오셨습니다. 인자의 온 것은 섬기려 함이라고 했으나 우리는 반대로 섬김을 받으려고 합니다. 그러나 존귀함을 받는 사람은 섬기는 사람입니다.

(3) 주님의 가르침에 신실할 때

우리가 예수님의 제자들을 존경하고, 바울을 존경하는 것은 그들이 주님의 가르치심에 신실했기 때문입니다. 성경에 나오는 위대한 인물들은 다 하나님의 말씀에 신실한 분들입니다.

(4) 많은 열매를 맺을 때

나무는 열매로 평가가 됩니다. 사람은 그가 남긴 열매로 평가됩니다. 사람은 누구나 일단 무덤에 들어간 뒤에는 오직 열매만 남습니다. 사람은 누구나 업적의 열매로 말합니다. 그러므로 우리는 많은 열매를 맺어야 합니다.

3. 주님을 섬기는 삶

(1) 주님을 따른다.

주님이 가장 귀하게 생각하고 좋아하는 사람은 바로 제자들입니다. 왜냐하면 이들은 항상 주님과 함께하고, 항상 주님을 따랐기 때문입니다. 주님을 따르는 것만으로도 주님께 영광이 되고, 섬기는 삶이 됩니다.

(2) 지극히 작은 자에게 관심과 사랑을 베푸는 삶(마25:40,45).

마 25:40,45절에는 지극히 작은 자 하나에게 한 것이 바로 주님께 한 것이요 지극히 작은 자에게 하지 않은 것이 주님께 하지 않은 것이라고 했습니다. 소위 보잘 것 없는 사람들에게 한 것이 바로 주님이 기뻐하는 일이라는 의미입니다. 이런 주님은 교회 안에서보다 세상 속에 더 많이 계신다는 말씀입니다.

(3) 예배를 통해서

참된 예배는 신령과 진정으로 드리는 것입니다. 중요한 것은 우리의 몸을 주님께 드리는 것이며 그것을 거룩한 산제사라고 했습니다. 가장 기본적인 것은 교회에 나오는 것이 하나님께 드리는 것이 됩니다.

(4) 주님의 지체를 돌보고 섬기는 것입니다.

주님은 머리시고, 교회는 그의 지체입니다. 따라서 우리는 교회를 통해서 일하고, 교회를 통해서 섬기고, 교회를 통해서 주님의 뜻을 이루어 드립니다. 여러 가지 다양한 종류의 어려움과 문제들을 가진 많은 다른 지체들을 돌보고 섬겨야 됩니다.

여호와의 말씀을 좇아

(창12:1~9)

창세기를 기록한 목적은 "저희에게 당한 일이 거울이 되고, 또한 말세를 만난 우리의 경계로 기록"한 것입니다.

1. 믿는다는 것은 하나님의 축복입니다

내가 먼저 주님을 택한 것이 아니라 하나님이 먼저 우리를 불러주신 것입니다. 하나님이 우리에게 길을 인도해 주셨고, 불러주셨고, 기회를 주셨습니다. 하나님이 허락하지 않으면 아무도 하나님께 나올 수 없습니다. 특별히 믿음이란 것은 하나님께서 믿음이란 씨앗을 주셨기에 우리들이 믿을 수 있는 것입니다.

따라서 우리가 믿게 된 것은 하나님께서 택하여 주셨기 때문입니다.

2. 믿음은 하나님의 확고한 약속의 말씀 위에 근거합니다.

(1) 하나님의 부르심

성경에 보면 아브라함이 하나님을 믿은 것은 하나님이 부르신 후입니다. 그런데 창 11:31절에 보면 아브람의 아내 사래를 데리고 갈대아 우르에서 떠나 가나안 땅으로 가고자 하더니 하란에 이르러 거기 거하였다, 즉 중지하고 중도에서 포기하고 말았다는 것입니다.

하나님께서는 가정적 이유와 환경에 의해서 하란에 머물고 있는 것을 아시고, 12장에 보면 다시 한 번 불러주셨습니다. 세 가지를 떠나라고 하였습니다.

첫째는 본토, 즉 고향을 떠나라는 것입니다.

둘째는 친척을 떠나라는 것입니다.

셋째는 아비 집을 떠나라고 했습니다.

믿음이란 떠나는 것에서 시작합니다.

(2) 다음에는 가라고 했습니다.

떠난 뒤에는 하나님이 지정하신 곳으로 가야 합니다. 무엇으로부터의 자유도 중요하지만 또 그 자유가 무엇을 위한 자유여야 참 가치가 있습니다. 그러면서 세 가지 언약을 주셨습니다.

첫째는 내가 너로 큰 민족을 이루어 주겠다.

둘째는 가나안 땅을 주겠다.

셋째는 너는 복의 근원이 될지라.

이렇게 말씀하셨습니다. 참으로 놀라운 건 아브람이 하나님의 언약을 좇아서 갔다는 점입니다. 이것이 바로 믿음입니다.

(3) 우리의 믿음이 변하는 이유

첫째로 의심에서 비롯합니다.

의심은 사탄이 우리의 가슴속에 뿌려 놓은 독초입니다. 의심은 시간이 지나면 자연히 불신이 됩니다.

둘째로 부정적 사고에서 의심이 생깁니다.

부정적 사고는 불평과 불만과 원망을 가져옵니다. 우리는 건전한 비판은 해야 하겠지만 부정적 사고는 버려야 합니다.

셋째로 기도하기를 쉴 때 우리의 마음속에는 의심이 생깁니다. 그러므로 우리는 기도하기를 쉬지 말아야 합니다.

3. 믿음이 가장 빛나는 것은 순종으로 빛납니다.

왜냐하면 순종은 믿음의 결정체요 완성이기 때문입니다. 아브라함이 위대한 것은 믿음으로 순종하였다는 것입니다.

(1) 가나안 땅으로 갔습니다.

그러나 이것을 위해서는 아브라함은 떠나야 할 것이 많았습니다. 버려야 할 것이 많았습니다. 가나안 땅에서의 부와 힘과 쾌락을 버려야 했기 때문입니다.

(2) 아들을 주신다는 것을 믿었습니다.

그는 백세가 되기까지 기다렸습니다. 성경에는 그가 죽은 자를 살리시는 것과, 없는 것을 있는 것처럼 부르시는 하나님이라는 것을 믿었다고 했습니다.

저희가 능히 믿지 못한 것은

(요12:37~43)

본문 37절에 보면 주님이 "많은 표적을 저희 앞에서 행하셨으나 그러나 저를 믿지 아니하니"라고 안타까움을 표현하고 있습니다.

1. 사람들이 주님을 믿지 않는 이유는?

(1) 가장 큰 이유는 하나님의 예정과 섭리 때문입니다.

요한복음에는 이사야서의 두 군데를 인용하고 있습니다.

첫째는 53:1~2절의 말씀이고, 둘째는 6:9~10절입니다.

이사야 53장의 인용은 하나님께서 그의 백성들에게 여호와의 팔을 나타내게 하셔서 하나님의 권능을 체험하게 하였지만 그러나 저들은 믿지 않았다고 했습니다.

사실 광야에서 이스라엘은 새벽마다 만나를 먹었고, 낮에는 구름기둥, 밤에는 불기둥으로 인도함을 받았습니다. 또 반석을 쳐서 생수를 주셨고, 모세의 지팡이로 홍해를 가르고, 요단강을 갈랐지만 그러나 이스라엘은 믿지 않았습니다.

이사야 6장에서 보면 들어도 깨닫지 못하고 보아도 알지 못하게 하겠다고 했는데 이것이 하나님의 예정이요 섭리입니다. 그러나 중요한 것은 하나님의 예정과 섭리는 아무도 모릅니다. 그러므로 우리는 결과는 하나님께 맡기고 순종하며 최선을 다할 뿐입니다.

(2) 불이익을 당할까봐, 즉 비겁하여 믿지 않는다고 했습니다.

본문에 보면 "출회당할까 두려워함이라"고 했습니다. 지금도 중국이나 이슬람교 국가에서는 크리스천이 된다는 것은 바로 사회적으로 불이익을 당하는 것을 말합니다. 그렇기에 그런 사회에서 믿는다는 것은 형식적인 신앙이란 있을 수 없습니다. 오히려 사회적으로 이익이 될 때 가짜가 많고, 진실되지 못한 교인들이 많이 생기는 것입니다.

(3) "사람의 영광을 하나님의 영광보다 더 사랑 하였더라"(43절)

인간은 다 영광을 얻기 위해서 배우고, 돈 벌고, 높은 자리에 오르려고 합니다. 그러나 참으로 영광이란 하나님의 것입니다. 우리가 얻을 수 있는 영광은 하나님이 우리들에게 주시는 영광뿐입니다.

2. 주님이 인정하는 믿음의 사람이 되려면?

(1) 믿음의 사람을 만나야

먼저 하나님께서 성령을 통하여 우리들에게 기회를 주셔서 말씀을 듣게 하고, 교회에 나올 수 있는 기회를 만들어 주셔야 합니다. 인간은 만남을 통해서 성공도 하고, 실패도 합니다. 우리는 믿음의 사람을 만나야 합니다. 또한 내가 또 다른 사람에게 믿음의 사람이 되어야 합니다.

(2) 하나님을 제한하지 말아야 합니다.

시 78:41절에 "저희가 돌이켜 하나님을 재삼 시험하며 이스라엘의 거룩한 자를 격동하였도다"고 했는데 여기서 격동이라는 말은 제한했다는 뜻입니다.

그러면 무엇이 우리로 하여금 하나님을 제한합니까?

우리의 전통, 우리의 믿음의 스타일, 우리의 생각이 우리로 하여금 하나님을 제한합니다. 또 교만이 하나님을 제한합니다. 기도하지 않는 것입니다. 우상숭배입니다. 불평과 원망입니다. 의심입니다.

성령께서 우리에게 역사하실 때에 주의 종들이 하자는 대로 해야 합니다. 물론 그것이 성경에 어긋난다면 모르지만 그렇지 않는 한 순종하여야 합니다.

(3) 소경 바디메오처럼 예수님께 부르짖는 기도가 있어야 합니다.

"다윗의 자손 예수여" 하면서 "나에게 자비를 베푸소서"(막10:51)하고 부르짖을 때에 주님이 들으시고 그를 치료하여 주셨습니다.

(4) 하나님을 바라볼 때 믿음이 생깁니다.

민 21:9절에 보면 이스라엘 백성들이 '어찌하여 우리를 애굽에서 인도하여 올려서 이 광야에서 죽게 하는고. 이곳에는 식물도 없고 물도 없도다.' 하면서 불평과 원망을 할 때에 하나님께서 불뱀을 보내서 이스라엘 백성들이 많이 죽게 되었습니다. 그러나 모세가 저들을 살려달라고 기도할 때에 놋뱀을 만들어 장대 위에 달고, 그것을 쳐다본즉 살더라고 했습니다. 이처럼 쳐다보아야 됩니다.

현명한 선택

(롯1;1~5,16~18)

인생이란 끝없는 선택의 연속이라고 할 수 있습니다. 그리고 선택을 하면 그 선택의 영향 속에서 살아야 합니다.

그러므로 성공이냐 실패냐도 결국은 선택의 결과이고, 행복이냐 불행이냐도 선택의 결과입니다. 따라서 선택은 인생에 있어서 가장 중요한 것이 됩니다. 왜냐하면 선택이란 다른 것을 포기하는 것이기 때문입니다.

하나님이 아담에게 자유를 주었을 때 그것은 바로 선택의 자유를 준 것입니다. 이것이냐 저것이냐의 선택은 때때로 괴로울 때가 있고, 힘이 듭니다. 왜냐하면 선택에는 항상 책임이 따르기 때문입니다.

1. 나오미의 어리석은 선택

그것은 베들레헴에서 모압으로 이주한 것입니다. 그 결과 가족들에게 다가온 것은 모든 남자들이 다 죽는 불행이었습니다.

중요한 것은 베들레헴에 기근이 임한 것은 하나님의 뜻이나 섭리가 있는 것인데도 깨닫지 못하고 모압 땅으로 피했던 것입니다. 이것이 비신앙적이었습니다. 그리고 그 결과는 집안에 남자들이 다 죽고 이번에는 모압 땅에 흉년이 들었던 것입니다.

본문이 우리들에게 주는 교훈은 세상을 믿는 자는 실패한다, 세상의 힘을 의지하는 자는 실패한다. 세상의 위안을 구하는 자는 실패한다는 교훈을 주고 있습니다.

2. 룻의 현명한 선택

(1) 시모와 하나님 여호와를 섬기기로 결심

1:10절에 "우리는 어머니와 함께 어머니의 백성에게로 돌아가겠나이다."라고 하면서 베들레헴으로 간 것입니다. 나오미가 권한 것은 고향으로 가서 재혼하여 행복하게 살 것을 권고했습니다. 그러나 룻은 시모를 섬기면서 참 하나님이신 여호와를 섬기기로 결단을 하였다는 것입니다.

인간적으로 보면 참으로 어리석은 선택이었지만 그러나 이것은 하나님 앞에서 현명한 선택이었습니다. 룻의 축복은 바로 이런 현명한 선택에서 온 것입니다.

(2) 룻의 신앙적 자세

룻의 신앙적 자세는 16~17절에 잘 나타나 있습니다. 비록 이방 백성이요 남편을 잃은 미망인이지만 그러나 어머니의 신앙을 본받아 하나님을 든든히 붙잡았습니다. 룻의 본토, 친척, 아비 집을 떠나기로 했던 것입니다. 선택이 어려운 것은 일단 선택하면 다른 것은 버려야 하고 포기해야 하는 손해를 보기 때문입니다.

(3) 어머니를 공경하는 효심

2:2절에 보면 룻이 어머니를 공경하는 효심으로 이삭줍기를 시작한 것은 마침내 유력자인 보아스와 재혼을 하고 마침내 다윗의 할머니가 되는 축복을 받게 되었습니다. 구속사의 계보에 여인이 하나님의 총회에 들어올 수 없는 모압 여인이 선택된 것은 하나님의 주권적 섭리에

의해서 이루어진 은혜였던 것입니다.

(4) 일러준 대로 행하는 순종

어머니가 일러 준대로 다 행하였다고 했습니다.

룻 3:5절에 "룻이 시모에게 이르되 어머니의 말씀대로 내가 다 행하리이다. 하니라" 룻기 3장을 보면 룻은 어머니가 일러주는 대로 보아스의 타작마당에 가서 말치 이불을 들치고 누웠다고 하였습니다.

친척끼리 결혼하는 것은 우리들에게는 낯이 설지만 이 고엘 결혼제도는 속전을 지불하고 물어주었듯이 우리의 고엘이 되신 예수님께서 우리의 대속의 제물이 되심을 말씀해준 것입니다. 다시 말하면 효심은 축복의 근원이 됩니다.

3. 현명한 선택의 원리는 무엇인가?

(1) 하나님이 기뻐하는 선택

사 56:4절에 보면 하나님이 기뻐하는 선택을 하라고 했습니다. 그것은 성경말씀에 따른 선택을 말합니다. 성경은 우리의 믿음과 삶의 표준이기 때문입니다.

(2) 원리대로 모든 것을 선택

예수님이 살았던 방법과 원리대로 모든 것을 선택하는 것입니다.

예수님이 나와 같은 입장에 있다면 어떻게 하셨을까 하는 생각을 하면서 결정해야 합니다.

(3) 미래지향적인 선택

미래지향적인 선택을 해야 합니다. 현재만을 위해서 선택을 하면 얼마 안 가서 후회하게 됩니다. 지금의 수고가 나중의 행복에 유익되기 때문입니다.

(4) 남에게 유익이 되는 선택

남에게 유익이 되는 선택을 해야 합니다. 남에게 해가 되는 선택은 결국 원수를 만들어 내고 나중에는 보복을 받게 됩니다.

왜 기독교인가?

(요3:16)

우리는 다 문제를 가지고 있습니다. 개인적인 문제는 물론 가정의 문제, 사회적인 문제, 심지어 환경의 문제까지 얼마나 많은지 모릅니다. 그런데 이 문제를 아무도 해결할 수 없습니다. 오직 예수 그리스도만이 해결하실 수 있습니다. 그러므로 주님을 만나야 하는 것입니다.

우리가 안고 있는 가장 큰 문제는

첫째는 죄의 문제요

둘째는 죽음의 문제요

셋째는 의미의 문제입니다

가장 중요한 것은 바로 죽음의 문제, 즉 구원의 문제가 해결되면 다른 것들은 다 해결된다는 것입니다.

1. 구원을 얻기 위한 노력

역사를 보면 이 세상에는 구원을 얻기 위해서 많은 노력들이 있었습니다.

(1) 구원이 아닌 것이 있습니다.

성경이 말하는 구원이란 선하게 되는 것이 아닙니다. 종교적인 사람이 되는 것도 아닙니다.

(2) 무엇이 구원인지를 말씀드리겠습니다.

구원이란 조각난 인생을 온전케 하여 주는 것이요, 죄악의 굴레에서 해방시켜주는 것이요, 상처난 삶을 아물게 하는 것이요, 사탄의 파괴적인 힘으로부터 건져내는 것이요, 새로운 탄생을 하는 것을 말합니다. 이것을 중생, 혹은 거듭남이라고 부릅니다.

2. 구원의 방법이 무엇인가?

(1) 선행이 결코 아닙니다.

(2) 인간이 만든 종교(불교, 이슬람교)도 아닙니다.

(3) 수양(유교: 수신제가치국평천하)도 아닙니다.

(4) 그런데 기독교에서는 영생을 선물로 받는다고 믿습니다.

엡 2:8절에 "너희가 그 은혜를 인하여 믿음으로 말미암아 구원을 얻었나니 이것이 너희에게서 난 것이 아니요 하나님의 선물이라. 행위에서 난 것이 아니니 이는 누구든지 자랑치 못하게 함이니라."

3. 죽음의 해결인 영생이 무엇인가?

요 17:3절에 "영생은 곧 유일하신 참 하나님과 그의 보내신 자 예수 그리스도를 아는 것이니라". 여기 안다는 말은 깊은 영적 교제를 말합니다. 따라서 영생은 삶의 양과 질을 모두 포함하는 말입니다. 새 생명을 얻은 때부터 시작하여 영원토록 사는 양적인 삶이요, 게다가 풍성하고 의미 있는 질적인 삶을 말합니다.

4. 영생을 방해하는 죄

그런데 이 영생을 소유하지 못하도록 방해하는 죄가 있습니다.

먼저 인간은 태어날 때부터 죄의 성품을 가지고 태어납니다. 게다가 모든 사람이 다 죄를 지었습니다. 그 결과 죽음과 함께 지옥의 형벌을 받게 됩니다.

(1) 죄에 대한 과소평가

사람들은 죄에 대하여 너무 과소평가합니다. 심지어 부인하기까지 합니다. 하나님은 죄에 대하여 경멸하시고, 기뻐하지 않으십니다. 영원한 사망이 온다고 했습니다. 성경은 말합니다. "죄의 삯은 사망이라".

(2) 무엇이 죄인가?

첫째는 하나님을 믿지 않는 것입니다(요일5:10).

둘째는 하나님의 법을 어기고 불순종 하는 것입니다(요일3:4).

셋째는 선인 줄 알면서도 선을 행하지 않는 것입니다.

5. 죽음의 세 가지 형태

첫째는 영적 사망, 즉 하나님과의 분리가 옵니다.

둘째는 육체적 사망이 옵니다.

셋째는 영원한 사망, 즉 지옥의 형벌을 받습니다.

6. 하나님이 준비하심

우리를 위해 하나님이 준비하신 것은 무엇인가?

첫째 아들 되시는 예수님을 이 땅에 보내주셨습니다(요3:16).

둘째 우리를 위해 십자가에서 희생 제물로 죽게 하셨습니다(벧전3:18).

셋째 죽음에서 부활하셨습니다(롬4:25).

7. 우리가 구원을 받기 위해 해야 할 것은 무엇인가?

(1) 우리의 죄를 인정하고 회개해야 합니다(행3:19).

회개란 죄로부터 뒤로 돌아서 하나님께로 나아가는 것입니다.

(2) 주님의 죽으심을 믿음

주님이 우리를 위해 십자가에서 죽으신 것을 믿어야 합니다.

믿음이란 완전히 신뢰하는 것을 말합니다. 예수님을 주님으로 완전히 시인하는 것입니다.

⑶ 예수님을 우리의 주님으로 영접하고 시인해야 합니다.

주님으로 인정한다는 것은 주님의 왕 되심을 고백하고 그에게 절대적으로 순종하는 것을 말합니다. 나의 생활을 지배하도록 주인으로 내어 맡기는 것을 말합니다.

불변한 하나님의 언약

(삼하7:8~17)

세상의 모든 것은 변합니다. 그러나 우리가 믿는 하나님은 불변하시는 분이십니다.

1. 하나님께서 우리들에게 주시는 언약은 무엇인가?

언약이란 간단히 말하면 성경입니다. 언약이란 말로 맺어진 계약이란 뜻입니다. 다시 말하면 하나님과 우리 인간이 어떤 일을 하기로 한 구속력을 가진 약속을 말합니다. 성경에는 7개의 언약이 있습니다.

(1) 창세기 2~3장에 나오는 아담과 맺은 언약입니다.

먼저 주신 언약은 "선악을 알게 하는 나무의 실과는 먹지 말라. 네가 먹는 날에는 정녕 죽으리라"고 하셨고, 아담이 선악과를 먹은 후에는 3:15절에 "여자의 후손은 네 머리를 상하게 할 것이요 너는 그의 발꿈치를 상하게 할 것이니라"는 최초의 복음을 주셨습니다.

(2) 창세기 9장에 나오는 노아와 맺은 언약입니다.

11절에 보면 "내가 너와 언약을 세우리니 다시는 모든 생물을 홍수로 멸하지 아니할 것이라. 땅을 침몰할 홍수가 다시 있지 아니하리라"고 했습니다.

(3) 창세기 12장에 나오는 아브라함과 맺은 언약입니다.

"너는 본토 친척 아비 집을 떠나 내가 네게 지시할 땅으로 가라. 내가 너로 큰 민족을 이루고 네게 복을 주어 네 이름을 창대케 하리니 너는 복의 근원이 될지라."

(4) 출애굽기 20장에 나오는 모세와 맺은 언약입니다.

이것을 우리가 십계명이라고 부릅니다. 이것은 조건적 언약으로써 이것을 행하면 하나님께서 자자손손 우리들에게 축복을 주시겠다는 내용입니다.

(5) 신명기 30장에 보면 이스라엘과 맺은 언약입니다.

내용은 여호와께로 돌아와 순종하면 우리를 긍휼히 여기시고, 포로를 돌려보내시고, 열조보다 더 번성케 할 것이라는 내용입니다.

(6) 사무엘하 7장에 나오는 다윗과 맺은 언약입니다

(7) 주님과 맺은 언약입니다(마26:28; 고전11:25).

예수님이 우리를 위해서 피를 흘려주시고, 이로 말미암아 누구든지 믿기만 하면 구원을 주시는 언약입니다.

이처럼 성경은 언약을 중심으로 기록되어 있습니다. 그러므로 언약이 성경의 중심입니다.

2. 언약의 두 가지 형식

언약은 종적 언약과 횡적 언약이 있습니다.

종적 언약은 하나님께서 일방적으로 무엇을 주시겠다, 하시겠다고 약속한 것을 말합니다. 이것은 조건이 없는 무조건적인 언약입니다. 반대로 횡적 언약은 조건이 있는 언약입니다. 그래서 우리가 그 언약을 지키면 축복을 해주시고 어기면 하나님의 심판을 받는 그런 성격입니다.

3. 다윗과 맺은 불변하신 언약

다윗은 자신은 백향목 궁에 거하면서 하나님의 언약궤 회막에 있는 것을 죄송하게 생각하였습니다. 그러나 그 결심을 하나님께서는 거절하였습니다. 그런데 하나님 중심인 다윗의 신앙은 기뻐하셨습니다. 그래서 엄청난 축복을 약속하셨습니다.

(1) "네 이름을 존귀케 만들어 주리라"(9).

이름이란 그 사람의 존재와 인격까지를 전부 말씀하는 것입니다. 따라서 이 약속은 다윗의 명성은 물론 그의 후손들까지 복을 받을 것이라는 말입니다. 특별히 다윗의 후손 가운데 태어날 그리스도에 관한 예언이라고도 할 수 있습니다.

(2) "평안케 하리라"고 약속(11).

이 평안은 일시적인 평안이 아닙니다. 영원하고 완전한 평안을 말하는 것입니다. 사실 참 평안은 평안의 근본이신 하나님으로 말미암아 주어지는 것입니다. 사실 다윗만큼 전쟁을 많이 한 사람도 드물 것입니다. 그러므로 이 말씀은 모든 대적들을 파하고 참 평안을 누릴 것을 약속한 말씀입니다. 다윗은 주변의 모든 대적들을 파했습니다. 그러나 그는 백향목 궁에 거하면서 쾌락을 누리고, 현재의 상황에 도취되어 있지 않았습니다. 하나님의 전을 지을 것을 원했고 그 모든 준비를 했습니다.

(3) "네 몸에서 날 자식을 네 뒤에 세워 나라를 견고케 하리라"(12)

후손들이 번성하리라는 약속입니다. 다윗의 아들 솔로몬이 누린 영광은 역사적으로도 전무후무한 영광이었습니다. 더욱이 이 말씀은 그리스도의 왕국이 견고해질 것이라는 축복이요 그리스도의 왕국의 지점이라고 할 수 있는 교회도 하나님께서 견고케 하리라고 약속했습니다. 음부의 권세가 이기지 못할 것이란 말씀입니다.

무릇 나를 믿는 자는

(요12:44~50)

1. 예수님과 하나님과의 관계(44~45).

다른 종교를 보면 인간이 신을 찾아갑니다. 그러나 인간이 찾은 신은 실제로 존재하는 신이 아니라 인간이 이성으로 만든 인조신입니다. 그러나 기독교가 말하는 종교는 인간이 신을 찾아가는 종교가 아니라 하나님이 먼저 사람을 찾은 그런 종교입니다. 아담아 네가 어디 있느냐? 하면서 하나님이 먼저 아담을 찾으셨습니다.

본문에는 나를 본 자는 아버지를 보았고, 나를 믿는 자는 아버지를 믿는 자라는 것입니다. 다시 말하면 기독교에서 믿는 하나님은 막연하게 믿는 것이 결코 아닙니다. 역사 속에서 구체적으로 나타난, 계시된 그 하나님을 믿는 것입니다. 다시 말하면 예수님의 역사 속에 구체적으로 나타난 하나님의 얼굴이요 계시입니다.

다시 말하면 하나님을 아는 지식은 예수님을 통해서 알게 된 것이고, 중보자인 예수님을 통해서 깨달은 것입니다. 그래서 주님은 하나님을 보여 달라는 제자에게 나를 본 자는 아버지를 보았거늘 어찌하여 아버지를 보여 달라고 하느냐? 하고 물었습니다. 그래서 기독교를 역사적 종교라고 말합니다.

기독교는 하나님을 믿는 것보다. 예수님을 믿는 것이 더 중요합니다.

하나님은 유대교도 믿고, 이슬람교도도 알라신을 믿습니다. 그러나 차이점은 예수님을 믿지 않는 것입니다. 그래서 기독교의 핵심은 예수님을 믿는 것입니다.

예수님을 알고, 예수님을 믿는 것이 모든 것의 핵심입니다. 또 모든 것의 출발점이기도 합니다. 모든 것의 결론이기도 합니다. 모든 것의 종합이기도 합니다. 심지어 역사의 중심이요 역사의 의미입니다.

그러면 예수님을 어떻게 알 수 있습니까?

예수님 당시에는 그에게 나오면 되지만 지금은 성경을 통해서 압니다. 요 5:39절에 "너희가 성경에서 영생을 얻는 줄 생각하고 성경을 상고하거니와 이 성경이 곧 내게 대하여 증거하는 것이다."라고 하였습니다.

2. 예수님의 본질은 무엇인가?

예수님은 세상의 빛(46절)이라고 간단하게 표현하였습니다. 밤으로부터의 탈출은 오직 빛 되신 예수님을 통해서만 이루어진다는 것입니다.

예수님은 어떤 빛입니까?

예수님은 사람의 빛입니다(요1:4).

예수님은 세상의 빛입니다(요8:12; 9:5; 12:46).

따라서 예수님은 우리 모든 사람들에게 필요할 뿐만 아니라. 이 세상을 위해서 꼭 필요한 분이십니다. 없어서는 안 될 분이십니다.

인간은 빛을 소유하고 있지 않습니다. 그 안에는 태어나면서부터 빛이 없었습니다. 인간은 태어나면서부터 어두움 속에서 살고 있습니다. 따라서 이 어두움에서 벗어나려면 빛 되신 주님을 소유해야 하고, 영접해야 합니다.

3. 불신앙의 위험(47~49절)

(1) 기독교에 들어 올 수 없는 네 종류의 사람들이 있습니다.

첫째 표적을 구하는 사람들입니다. 당시 유대인들이 그런 사람들이었
습니다. 표적 신앙이란 구원하는 신앙은 아닙니다.

둘째 지식을 구하는 사람들입니다. 헬라 사람들이 그런 사람들이었습
니다. 지식이 바로 신앙이 아니기 때문입니다. 심지어 귀신도
아는 신앙은 있었습니다.

셋째 종교에 대해서 무관심한 사람들입니다. 종교란 궁극적 관심입니
다. 세상적인 것이나 현상적인 것은 금방 변합니다. 영원한 것
이 결코 아닙니다.

넷째 세상을 너무도 사랑하고, 세상일과 다른 아무것도 보이지 않는
사람들입니다. 그들은 세상일에 몰두 합니다. 그러나 세상일은
우리를 바쁘게 하지만 보다 중요한 것을 잊어버리게 만듭니다.

(2) 다가올 심판

우리들이 알아야 할 것은 심판이 다가오고 있다는 점입니다.

종말은 아무도 모릅니다. 개인들에 관하여는 올 때는 차례대로 왔습
니다. 그러나 갈 때에는 순서가 없습니다.

죄가 반복되는 순환시대

(삿2:1~5,11~15)

사사기는 사람들이 각각 소견에 옳은 대로 살아가는 시대였습니다. 원칙이 없고, 지도할 어른이 없고, 다스리는 지도자가 없었습니다. 그래서 제각각 멋대로 살았던 것입니다. 그래서 사사시대를 암흑의 시대라고 부릅니다.

1. 사사시대는 죄가 반복되는 7가지 순환의 시대였습니다.

사사시대를 개관하면 7번이나 똑같이 반복되었는데 그 내용은 반역, 징계, 회개, 구원의 사이클이 7번이나 반복되었습니다. 이 7번에 걸친 죄의 순환이 바로 사사기의 내용의 요약입니다.

(1) 일곱 번에 걸친 변절의 역사

첫째 3:7절에 "이스라엘 자손이 여호와의 목전에 악을 행하"였다고 했습니다. 그것은 바알과 아세라 신을 섬긴 것입니다.

둘째 14절에 "여호와께서 이스라엘에게 진노하사 노략하는 자의 손에 붙여 그들로 노략을 당케 하시며" 하나님께서 메소포타미아를 8년간이나 섬기는 예속의 시대를 맞게 했습니다.

셋째 3:9절에서 이때에 이스라엘 백성들이 하나님께 부르짖었다고 했습니다. 회개한 것입니다.

넷째 9절에 "여호와께서 그들을 위하여 한 구원자(웃니엘)를 세워 구원하게 하시니". 마침내 하나님의 구원하심이 타나났습니다. 그런데 놀라운 것은 이런 사건이 7번이나 반복되었다는 것입니다.

(2) 모든 상황을 종합해 보면 당시의 죄는

첫째는 하나님의 말씀대로 가나안 땅을 정복하지 않았다는 것이고.

둘째는 하나님의 말씀을 떠났다는 것입니다.

셋째는 여호와를 버리고 우상을 섬겼다는 것입니다. 이것이 한 번이 아니라 일곱 번이나 반복해서 일어난 것입니다.

2. 우리가 사는 길

(1) 우리는 과거사를 보고 배워야 합니다.

깨닫고, 회개해야 합니다. 왜 하나님이 징계하시는지, 왜 하나님이 우리를 채찍으로 치시는지를 알아야 합니다.

왜 우리는 계속해서 같은 죄를 반복하는 것일까요?

첫째 악한 것을 용납하는 데서 옵니다.

둘째 죄의 힘을 경시하는 데서 옵니다.

셋째 죄의 결과가 얼마나 비참한가를 모르는 데서 옵니다.

(2) 부작위의 죄를 회개해야 합니다.

부작위의 죄란 하지 않은 죄를 말합니다. 성경은 선인 줄 알고도 행치 아니하면 죄라고 하였습니다. 그것은 자신의 양심을 속인 것이고, 하나님의 말씀을 외면하고 행하지 않은 것입니다.

(3) 우상을 하나님보다 더 사랑하는 것을 버려야 합니다.

2:3절에 보면 우상은 가시가 되고, 올무가 된다고 했습니다. 우리가 참 자유를 누리려면 가시와 올무를 버려야 합니다. 우상은 하나님보다 더 사랑하는 것이며, 피조물을 조물주보다 더 사랑하는 모든 것들입니다.

하나님을 만나는 비결

(레1:3~9)

1. 인생의 만남과 헤어짐

인생은 만남과 헤어짐의 연속이고, 이 만남은 행복과 운명은 어떤 만남이냐에 따라 결정됩니다. 이 만남에는 크게 다섯 가지가 있습니다.

(1) 부모와의 만남

어떤 부모를 만나느냐에 따라 왕자가 되기도 하고, 평민이 되기도 합니다. 안타까운 것은 믿는 부모에게서 태어나면 어려서부터 신앙교육을 잘 받지만 그러나 불신 부모에게서 태어나면 믿을 수 있는 기회가 아주 적습니다. 그래서 부모와의 만남은 운명처럼 중요합니다.

(2) 친구와의 만남

친구 따라 강남 간다는 말이 있습니다. 우리는 때때로 친구와 함께 하기 위해서 친구와 같은 길을 선택하기도 합니다. 우리의 삶에 친구의 영향도 무시 못 합니다.

(3) 부부의 만남

다음에는 부부간의 만남입니다. 사람은 부부간에 어떻게 만나느냐에 따라 영부인이 되기도 하고, 부자 집의 마님이 되기도 합니다. 잘못된 부부가 되면 고생만 하다가 죽는 경우도 적지 않습니다.

(4) 직업과의 만남

직업은 그 사람의 성격과 운명을 결정지어줍니다. 직업을 결정하게 되면 어쩔 수 없이 그 직업에 전념해야 하기에 그것에 맞도록 사람이 변하게 됩니다. 그러므로 그 직업이 그 사람의 운명이 되기도 합니다.

(5) 종교와의 만남

세상에서 가장 중요한 것은 종교와의 만남입니다. 종교를 결정하면 이 세상에서뿐 아니라 내세의 운명까지 결정이 되고 맙니다.

세계의 여러 나라를 가보면 가장 잘사는 나라는 기독교 국가이고, 다음은 천주교 국가이고, 세 번째는 산유국입니다. 그러나 가장 못살고 망한 나라들은 공산주의 국가인 것을 발견하게 됩니다. 이처럼 종교는 삶의 질과 방향을 결정지어줍니다.

2. 하나님과의 만남은 어떻게 이루어지는가?

예수 그리스도를 통하지 않고는 하나님께 나아갈 수 없습니다. 성경은 "나는 곧 길이요 진리요 생명이니 나로 말미암지 않고는 아버지께로 나아갈 수 없느니라"(요14:6). "내가 문이니 누구든지 나로 말미암아 들어가면 구원을 얻고 또 들어가며 나오면 꼴을 얻느니라"(요10:9).

그러면 레위기에서는 하나님께 나아가는 길을 무엇이라고 말씀하고 있습니까?

다섯 가지 제사 방법을 말씀하고 있습니다.

(1) 번제입니다.

번제란 제물을 모두 태워서 하나님께 향기로운 냄새를 드리는 제사를 말합니다. 그러면 이 번제의 영적의미는 무엇일까요?

첫째 죄의 고백입니다.

번제를 드릴 때에 예배자는 번제물에 안수를 합니다. 이것은 예배자의 죄를 제물에 전가시키는 것을 의미합니다. 다시 말하면 죄의 고백 없이는 하나님을 만날 수 없습니다.

둘째 정결하고 거룩함이 있어야 합니다.

번제를 드릴 때 가죽을 벗겨야 합니다. 이는 정결케 하는 의식입니다. 인간의 더러워진 겉모습을 다 떨쳐버려야 한다는 뜻입니다.

셋째 헌신이 있어야 합니다.

번제를 드릴 때는 내장까지 모두 태워야 합니다. 이것은 예배자의 전적인 헌신을 뜻하는 것입니다. 헌신이 없는 제물은 헛된 것입니다.

(2) 소제입니다.

소제란 하나님을 기쁘게 해드리는 선물이란 뜻입니다. 유일하게 땅의 소산물인 곡식을 드리는 제사입니다.

첫째 소제는 고운 가루로 만든 것입니다.

이것은 영적으로 온유한 삶을 말합니다. 조카 롯과 다투지 않으려고 선택을 양보한 아브라함과 같은 삶입니다.

둘째 성령의 충만한 삶이 바로 소제의 삶입니다.

고운가루에 반드시 기름을 부어 제물로 만들어야 합니다. 이 기름은 성령을 상징합니다.

셋째 아름다운 향기를 발하는 삶입니다.

소제에는 반드시 향이 필요합니다. 향은 제단 주변을 향기로 물들게 합니다. 우리들의 삶도 그리스도의 향을 발하여야 합니다.

(3) 화목제입니다.

화목제란 화합과 친교의 성격을 가지고 있습니다. 이 화목제는 자원해서 드리는 감사와 찬양의 제사입니다. 위로는 하나님이요 아래로는 모든 사람 그리고 자연과의 화목이 이루어져야 합니다.

(4) 속건제와 속죄제입니다.

위의 세 제사와 다른 것은 속건제와 속죄제는 의무적으로 드리는 제사입니다. 자신이 지은 죄를 속함 받는다는 점에서 이 둘은 항상 같이 다닙니다.

속건제와 속죄제의 가장 큰 차이점은

첫째로 속건제는 희생제물 외에 언제나 손해배상이 지불된다는 점입니다.

둘째로 속죄제는 신분과 형편에 따라 제물이 다양합니다. 그러나 속건제는 희생제물로서 언제나 흠 없는 수양만 허락이 되었습니다.

셋째로 속죄할 성격이 서로 다릅니다.

속죄제는 오직 하나님께 범한 죄만 용서가 되지만 속건제는 하나님께 범한 죄는 물론 5~10계명에 해당하는 죄를 범했을 때 드리는 좀 더 넓은 제사입니다.

넷째는 피를 처리하는 방법이 서로 다릅니다.

속죄제는 휘장, 향단 뿔에 뿌리고, 남은 피는 다 번제 단에 뿌립니다. 그러나 속건제는 번제단 사면에 뿌립니다.

네가 인자를 믿느냐?

(요9:35~41)

주님께서 나면서 소경된 자를 고쳐주신 후에 그를 다시 만났을 때에 네가 인자를 믿느냐 하고 물으셨습니다.

1. 우리에게 피할 수 없는 질문은?

사람이 피할 수 없는 것들이 있습니다. 죽음입니다. 그 후에 심판입니다. 가장 중요한 것은 우리가 인자를 믿느냐 안 믿느냐 하는 질문도 피할 수 없습니다. 이 질문이 중요한 것은 이것이 바로 구원에 관한 질문이기 때문이며 이것은 또 오직 유일한 길에 관한 것이기 때문입니다. 다시 말하면 다른 방도가 전혀 없는 질문이기 때문입니다.

이 질문에 형식적인 대답을 해서는 안 됩니다. 왜냐하면 말로만 하는 그런 형식적인 대답은 주님에게는 통하지 않기 때문입니다. 그러므로 우리에게는 참 믿음을 갖기 위해서는 꼭 가져야 할 두 가지 욕망이 있어야 합니다.

2. 꼭 가져야 할 두 가지 욕망

(1) 인자가 누구인지 알려는 욕망입니다.

"주여 그가 누구니이까?" 우리가 주님이 누구인지 간절히 사모하는 마음이 없다면 우리의 믿음은 형식적인 것임을 부인할 수 없습니다. 믿음에는 반드시 대상에 대해서 알려는 간절한 욕망이 있어야 합니다.

네가 인자를 믿느냐? 65

　그러면 인자되신 예수님은 어떤 분이십니까?

　성경에 세 가지로 말씀하고 있습니다.

　첫째로 우리를 찾으시는 분이시요, 만나주시는 분이십니다.

　"그를 만나사 가라사대"(35절). 아담아 네가 어디 있느냐 하고 찾으셨던 하나님이셨습니다. 주님은 우리가 외로울 때에 찾으십니다. 주님은 우리가 약할 때에 찾으십니다. 특별히 우리가 병들었을 때에 찾으십니다. 우리가 실패했을 때에 찾으십니다. 그러나 주님은 우리가 교만할 때에는 찾지 않으십니다.

　둘째로 인자는 지금도 우리에게 위로와 권능으로 말씀하시는 분이십니다. "지금 너와 말하는 자가 그이니라."

　주님의 말씀은 태초에 세상을 창조하셨던 말씀입니다. 빛이 있으라 하매 빛이 있었고 사실은 주님 자신이 바로 말씀이셨습니다. 그 말씀으로 말미암아 모든 것이 창조된 권능의 말씀입니다. 그 주님이 지금 우리들에게 말씀하시는 것입니다.

　이 말씀이 임할 때에 우리에게 힘이 생기고, 변화가 일어납니다. 문제는 이 말씀이 지금 우리에게 없기 때문에 창조가 일어나지 않고, 변화가 없습니다.

　셋째로 심판하시는 분이십니다.

　"내가 심판하러 이 세상에 왔으니." 주님의 심판은 크게 두 가지 내용입니다. 나는 눈이 있으나 보지 못하고 있습니다. 그러나 보기를 원하는 사람에게 주님은 판단하셔서 영적 시력을 회복시켜 주십니다. 다음은 보지 못하면서도 나는 본다고 스스로 판단하는 사람들에게는 주님은 심판하셔서 소경이 되게 하신다고 했습니다.

　본래 심판이란 말의 뜻은 구별한다는 말입니다. 주님은 알곡과 쭉정이를 구별하실 것입니다. 양과 염소를 구별하실 것입니다. 그것이 심판입니다.

(2) 우리가 가져야 할 것은 내가 믿고자 하는 간절한 욕망

믿음은 꼭 잡는다는 뜻입니다. 이 믿음에는 세 가지가 있어야 합니다.

첫째는 영적 지식이 있어야 합니다.

그래서 믿음은 들음에서 나며 들음은 그리스도의 말씀으로 말미암는다고 했습니다.

둘째는 액면 그대로 믿고 받아들여야 합니다. 가감해서는 안 됩니다. 내 마음에 맞는 것만 받아들이면 안 됩니다.

셋째는 내어맡기는 헌신이 있어야 합니다.

수영하는 사람이 온 몸을 물에 내어 맡기듯이 주님께 모든 문제를 내어 맡겨야 합니다.

3. 인자에 대한 참 믿음은 무엇인가?

(1) 참 고백이 먼저 있어야 합니다.

"주여 내가 믿나이다."(38절). 고백이 있는 사람은 고백이 있고 간증이 있습니다. 여러분들에게는 어떤 고백과 간증이 있습니까? 우리는 개인적인 고백과 함께 공개적인 고백인 간증이 있어야 합니다.

(2) 다음은 주님께 대한 경배가 있어야 합니다.

"절하는지라"(38절). 주님께 절하지 않는 믿음은 참 믿음이 아닙니다. "엎드려 절하세, 엎드려 절하세." 자존심도 버리고, 교만도 버리고, 주여 손들고 왔습니다, 하는 항복하는 마음과 주시옵소서, 받겠나이다, 하는 마음과 저의 모든 것을 바칩니다 하는 헌신의 마음으로, 존경과 사모하는 마음으로 절해야 합니다.

4. 우리도 소경인가?

이제 마지막으로 우리 자신에게 우리도 소경인가 하고 물어보아야 합니다. 다시 말하면 우리가 참으로 인자를 믿고 있는가? 살아 움직이는 믿음인가? 겨자씨처럼 산을 옮길만한 믿음인가? 그렇지 않으면 우리는 형식적인 믿음이요, 외식적인 믿음이요 죽은 믿음인 것입니다.

네가 참으로 인자를 믿느냐? 믿느냐는 주님의 질문에 아멘 제가 믿나이다. 하는 대답이 있어야 하겠습니다. 그러나 행동이 따라야 합니다. 정의의 모든 것을 다 따르는 그런 믿음이어야 합니다.

믿음의 본질

(요3:16~21)

본래 믿음이란 말은 사람들에게 적용할 수 없는 말입니다. 사람에게 적용하면 그것은 실례입니다. 믿음은 오직 하나님에게만 적용할 수 있는 말이기 때문입니다

1. 믿음의 본질

히 11:1절에 "믿음은 바라는 것들의 실상이요 보지 못하는 것들의 증거"라고 했습니다. 단적으로 말하면 믿음이 실상이요 증거란 말입니다. 실상이란 실체란 뜻입니다. 증거란 말은 쉽게 말하면 어떤 권리증을 말합니다. 이 권리증은 하나님이 직접 주신 권리증입니다.

그러면 하나님께서 우리들에게 무엇을 믿으라고 하십니까?

첫째는 그의 말씀을 믿으라고 하십니다.

성경에 기록된 모든 말씀을 믿으라고 하십니다. 이것이 믿음의 시작입니다.

둘째는 하나님이 우리를 사랑하셔서 행하신 일, 즉 십자가로 말미암아 우리의 모든 죄가 다 용서되었다는 것을 믿으라는 것입니다. 그래서 본문에 "하나님이 세상을 이처럼 사랑하사 독생자를 주셨으니", 이것을 믿으라는 것입니다.

셋째는 하나님의 창조와 주님의 부활과 그의 재림을 믿으라는 것입니

다.

넷째는 이 땅에서도 하나님께서 우리와 함께 계셔서 우리를 돌보고 계시고, 인도하심을 믿으라는 것입니다.

2. 믿는 자에게 주시는 하나님의 축복은 무엇인가?

(1) 믿는 자는 멸망치 않는다고 했습니다.

"저를 믿는 자마다 멸망치 않고"(16절). 또 "저를 믿는 자는 심판을 받지 아니하는 것이요"(18절). 주님을 믿는 사람은 지옥의 형벌을 받지 않습니다.

물론 흰 보좌 앞에서의 심판은 아무도 면할 수 없습니다. 그러나 성도들은 상급에 대한 구분이 있을 뿐이고, 천국이냐 지옥이냐의 심판은 이 땅에서 믿느냐 안 믿느냐에 따라 다 결정되는 것입니다. 다시 말하면 믿으면 구원을 받고, 믿지 않으면 심판을 받게 되는 것입니다. 그러므로 심판은 미래적 사건이기도 하지만 실제적으로는 현재적 사건이기도 합니다. 왜냐하면 이 땅에서 이루어지기 때문입니다. 지금 믿느냐 안 믿느냐에 따라 일어나기 때문입니다.

그러면 왜 믿지 않는 자들이 심판을 받고 멸망을 받는가?

첫째는 자신의 죄를 깨닫지 못하고.

둘째는 죄를 포기하지 않기 때문입니다.

셋째는 자만으로 가득 차 있기에 심판을 받는 것입니다.

넷째는 어두움에 사로잡혀 있기에 멸망하는 것입니다.

다섯째는 믿지 않는 사람은 빛으로 나오기를 거절하기 때문입니다.

(2) 저를 믿으면 영생을 얻게 됩니다.

"저를 믿는 자마다… 영생을 얻게 하려 하심이니라"(16절).

그러면 영생이 무엇인가?

영생이란 시간적으로 끝없이 사는 것이 아닙니다. 영생이란 질적으로 새로운 생명, 주님과 함께하는 하늘의 생명을 말합니다. 그리고 이 영생은 죽은 후에만 얻는 것이 아닙니다. 지금 바로 여기서 얻게 됩니다. 그것이 바로 새 생명입니다.

(3) 저를 믿으면 세상이 구원을 받습니다.

"저로 말미암아 세상이 구원을 받게 하려 하심이라"(17절).

성경에는 구원이란 말이 여러 가지로 사용되고 있습니다. 용서의 뜻으로도 사용되고, 병든 사람이 나음을 입는 것을 말할 때도 있고, 천국에 들어가는 것을 말하는 경우도 있습니다.

하나님이 받으시는 사람

(행10:34~38)

1. 하나님이 받으시는 사람은 어떤 사람인가?

본문을 보면 하나님은 외모를 취하지 않는다고 했습니다. 우리를 택하실 때도 내가 재능이 있고, 열심이 있고 무엇이 있어서 혹은 잘나서 택하신 것이 아닙니다. 단지 우리를 사랑하시기에 택한 것입니다.

2. 하나님이 우리를 받으시는 조건은 무엇인가?

(1) 하나님을 경외하는 사람

경외한다는 말은 두려워한다는 뜻입니다. 하나님은 우리를 지으신 자입니다. 우리는 그의 지으심의 대상입니다. 따라서 하나님을 경외한다는 말은 존경한다, 사랑한다는 뜻이요 믿는다는 뜻입니다. 그러므로 우리는 먼저 하나님과 예수님 그리스도를 믿어야 하나님이 받으십니다.

요셉의 경우를 보면 그는 하나님을 경외함으로 항상 하나님께서 함께하셨고, 그가 어디를 가든지 인도하여 주셨습니다. 그래서 형통하였습니다.

성경에는 우리가 하나님을 경외하면 하나님은 우리에게 택할 길을 가르쳐 주신다고 했습니다.

시 25:12절에 "여호와를 경외하는 자 누구뇨? 그 택할 길을 저에게 가르치시리로다"고 했습니다.

(2) 의를 행하는 사람

의롭다는 말은 하나님과의 바른 관계를 가진 사람을 말합니다. 그러려면 먼저 죄를 떠나야 합니다. 죄는 하나님과 우리 사이에 있는 장벽입니다. 이것이 무너져야 합니다. 죄의 장벽은 예수님의 보혈로, 즉 십자가를 통해서 해결됩니다. 그러므로 우리는 회개하고 주님을 영접해야 하나님과의 관계가 바로 회복됩니다.

우리가 의롭게 되는 것은

첫째로 믿음으로 의롭다 함을 받는 것이고.

둘째로 그리스도의 의가 우리에게 전가되는 것을 말합니다.

3. 하나님이 받으시는 사람이 해야 할 일은?

우리가 하나님께 받으시는 사람이 된 것은 전적으로 하나님의 은혜입니다. 그러면 하나님의 은혜를 받은 사람이 할 일이 있습니다.

엡 2:8절에 "너희가 그 은혜를 인하여 믿음으로 말미암아 구원을 얻었나니 이것이 너희에게서 난 것이 아니요 하나님의 선물이라". 다음 10절에는 "우리는 그의 만드신 바라. 그리스도 예수 안에서 선한 일을 위하여 지으심을 받은 자니"라고 했습니다.

은혜로 구원해 주신 목적은 선한 일을 하기 위해서입니다.

(1) 화평의 복음을 전하는 일

36절에 "화평의 복음을 전하"는 일을 해야 한다고 했습니다.

복음의 전달자가 되기를 원하십니다.

(2) 성령과 능력을 기름 붓듯

38절에 "성령과 능력을 기름 붓듯 하셨으매".

성령과 능력을 받아야 합니다. 왜냐하면 성령과 능력을 받지 않고는 화평의 복음을 전할 수 없기 때문입니다. 그러므로 성령과 능력을 받는 것은 선택이 아니고 필수입니다. 그러므로 성령과 능력을 받기 위해 기도해야 하고 노력해야 합니다. 주님의 일을 할 수 있는 자격자가 되기 위해서입니다.

그러면 어떻게 할 때에 성령과 능력을 받을 수 있습니까?

회개와 기도와 믿음만 있으면 하나님은 우리들에게 충만하게 채워주십니다.

(3) 하나님이 함께하심

"이는 하나님이 함께 하셨음이라"

하나님과 함께 하면 두 가지 중요한 일을 할 수 있습니다. 38절에 "저가 두루 다니시며 착한 일을 행하시며 마귀에게 눌린 모든 자를 고치셨으니"라는 말씀대로 크게 두 가지 일을 할 수 있습니다.

첫째는 착한 일을 할 수 있습니다.

무엇이 착한 일입니까? 하나님의 손이 되어 하는 모든 일이 다 착한 일입니다.

둘째는 마귀에게 눌린 모든 자를 고칠 수 있습니다.

하나님과 함께할 때에 역사가 일어납니다. 세상에는 마귀에게 시달림을 받고 있는 많은 사람들이 있습니다. 이런 사람들을 고쳐줄 수 있습니다.

하나님이 응답하시는 기도

(행10:23~33)

1. 기도란 무엇인가?

(1) 하나님과의 영적인 대화입니다.

대화는 인격체 사이에 가지는 교통입니다. 대화에서 중요한 것은 상대방의 말을 듣는 자세입니다. 기도는 자칫하면 독백이 될 수 있습니다. 하나님께 연설하는 것도 아니고, 교인들에게 설교하는 것도 아닙니다. 인격체이신 하나님과 영적으로 대화하는 것이 바로 기도입니다.

(2) 영혼의 호흡입니다.

산 사람과 죽은 사람과의 차이는 호흡이 있느냐? 없느냐에 따라 결정됩니다. 그러므로 기도는 영적으로 살아 있는가 없는가를 판가름해 줍니다.

(3) 불가능한 것을 가능하게 하는 힘입니다.

우리는 할 수 없는 것이 너무도 많습니다. 그러나 기도는 불가능한 것을 가능하게 만드는 힘이 됩니다.

(4) 하나님을 움직이는 방법입니다.

기도가 불가능을 가능하게 만든다고 했는데 그것은 내 힘으로가 아니라 바로 하나님의 힘으로 하는 것입니다. 기도할 때 하나님은 일하십니다.

2. 왜 기도해야 하는가?

(1) 성경에 기도를 강조하고 있기 때문입니다.

주님은 산상설교에서(마7:7~8) "구하라 그러면 너희에게 주실 것이요, 찾으라 그러면 찾을 것이요, 문을 두드리라 그러면 너희에게 열릴 것이니 구하는 이마다 얻을 것이요, 찾는 이가 찾을 것이요, 두드리는 이에게 열릴 것이니라"라고 하셨습니다.

렘 33:3절에는 "너는 내게 부르짖으라. 내가 네게 응답하겠고, 네가 알지 못하는 크고 비밀한 일을 네게 보이리라"고 했습니다.

(2) 하나님과 대화하는 방법이기 때문입니다.

오늘날의 문제는 대화단절에 있습니다. 대화가 단절이 되면 모든 관계가 깨어집니다. 우리가 기도하지 않는 이유에 대해서 여러 가지 이유가 있겠지만 그러나 기도하지 않는다면 무엇인가 문제가 있는 것입니다.

(3) 신령한 은혜와 소원을 이루시는 하나님의 방법입니다.

왜 하나님은 이 기도를 통해서 그의 뜻을 이루는지 이해가 안 될지 모르지만 그러나 이것은 하나님이 사랑이시기 때문입니다. 하나님께서 우리들을 만나 우리의 기도를 통해서 그의 뜻을 이루는 것은 바로 그의 사랑 때문입니다.

(4) 우리의 무능과 하나님의 능력을 연결시켜서 우리들을 능력의 사람으로 만들어 주는 비결이기 때문입니다.

주님의 제자들은 다 무능한 사람들입니다. 그러나 그들이 기도로써 이룩한 업적을 보면 감탄을 하지 않을 수 없습니다.

(5) 마음의 불평과 근심, 걱정을 해결하는 출구가 되기 때문입니다.

화가 날 때 어떻게 합니까? 불평과 근심, 걱정을 어떻게 해결합니까? 기도하면 안개처럼 사라집니다.

(6) 성공의 지름길이기 때문입니다.

역사의 주인공은 하나님이십니다. 그는 생사화복과 국가의 흥망성쇠를 좌우하시는 역사의 주인이십니다. 따라서 그의 뜻을 따르는 것이 바로 성공의 비결입니다. 그것은 바로 말씀과 기도입니다. 따라서 기도는 성공의 지름길입니다.

(7) 기도의 사람들은 다 구원을 받았기 때문입니다.

주의 이름을 부르는 자는 다 구원을 받습니다. 언제 주의 이름을 부릅니까? 기도할 때입니다.

3. 응답 받는 기도는 어떻게 해야 합니까?

(1) 믿음으로 기도해야 합니다.

시 40:1절에 "내가 여호와를 기다렸더니 귀를 기울이사 나의 부르짖음을 들으셨도다"고 했습니다.

막 11:24절에 "무엇이든지 기도하고 구한 것은 받은 줄로 믿으라. 그리하면 너희에게 그대로 되리라"고 했습니다.

(2) 회개함으로 기도해야 합니다.

대하 7:14절에 "내 이름으로 일컫는 내 백성이 그 악한 길에서 떠나 스스로 겸비하고 기도하여 내 얼굴을 구하면 내가 하늘에서 듣고 그 죄를 사하고 그 땅을 고치실지라"고 분명히 약속했습니다.

(3) 전심으로 기도해야 합니다.

렘 29:13절에 "너희가 전심으로 나를 찾고 찾으면 나를 만나리라"고 했습니다.

(4) 순종함으로 기도해야 합니다

요일 5:14절에 "그의 뜻대로 무엇을 구하면 들으심이라"고 했습니다. 그의 뜻대로 구한다는 말은 순종을 의미하는 말입니다.

내가 보고

(요1:29~34)

세례요한은 예수님을 처음 보았을 때 그가 세상 죄를 지고 가는 하나님의 어린양인 것을 깨달았습니다. 왜냐하면 성령이 비둘기같이 하늘로서 내려와 예수님 위에 머무는 것을 보았기 때문입니다. 34절에 "내가 보고 그가 하나님의 아들이심을 증거하였노라"고 했습니다.

1. 보는 것의 중요성

왜 보는 것이 그처럼 중요합니까?

(1) 무엇을 보느냐에 따라 그의 인생의 방향이 결정되기 때문입니다.

창 3:6절에 하와는 선악과를 보고 따먹는 죄를 지었습니다.

창 6:2절에 셋 계열의 아들들이 가인 계열의 딸들의 외모만 보고 반해서 불신결혼을 하게 되었습니다.

예레미야 1장에 보면 하나님께서 "예레미야야, 네가 무엇을 보느냐? 대답하되 내가 살구나무가지를 보나이다." 또다시 물으십니다. "네가 무엇을 보느냐? 대답하되 끓는 가마를 보나이다." 이 문답의 내용은 바벨론의 침략에 관한 내용입니다. 예레미야는 이스라엘에 대한 하나님의 계획과 국가의 운명에 관한 것을 본 것입니다.

2. 보는 눈의 종류

우리는 눈이 두 개가 있습니다. 하나는 세상을 보고 다른 하나는 영적인 세상을 보라는 뜻입니다.

(1) 육신의 눈이 있습니다.

첫째 육신의 눈은 마음속에 욕심이 있는 사람들에게는 죄를 짓게 하는 눈입니다. 그래서 예수님은 "눈이 나쁘면 온 몸이 어두울 것"(마6:23)이라고 했습니다.

둘째 육신의 눈은 대부분은 환경을 더 보는 눈입니다. 마 14:30절에 베드로가 물 위를 걷다가 "바람을 보고 무서워 빠져 가는지라"고 했습니다.

셋째 육신의 눈은 헛된 것을 보려고 합니다. 마 11:7~9절에 "너희가 무엇을 보려고 나갔더냐? 부드러운 옷 입은 사람이냐? 부드러운 옷을 입은 자들은 왕궁에 있느니라. 그러면 너희가 어찌하여 나갔더냐? 선지자를 보려더냐?"

(2) 하나님이 보시는 눈은 다릅니다.

첫째 우리의 중심을 보십니다.

삼상 16:7절에 "사람은 외모를 보거니와 나 여호와는 중심을 보느니라"고 했습니다.

둘째 우리의 믿음을 보십니다.

마 9:2절에 "침상에 누운 중풍병자를 사람들이 데리고 오거늘 예수께서 저희의 믿음을 보시고 중풍병자에게 이르시되 소자야 안심하라 네 죄 사함을 받았느니라."

셋째 우리의 속사정을 다 보시는 전지전능하신 눈이십니다.

계 1:14절에 "그의 눈은 불꽃같고"라고 했습니다.

3. 우리는 무엇을 볼 것인가?

우리가 꼭 보아야 할 것, 반드시 보아야 할 것이 있습니다. 히 12:2

절에 "믿음의 주요 또 온전케 하시는 이인 예수를 바라보자 저는 그 앞에 있는 즐거움을 인하여 십자가를 참으사 부끄러움을 개의치 아니하시더니 하나님 보좌 우편에 앉으셨느니라."

4. 우리가 바로 보려면?

(1) 편견을 버려야 합니다. 고정관념을 버려야 합니다.

편견과 고정관념이 있으면 사물을 보기 전에 먼저 결론을 내리고 봅니다. 그래서 개 눈에는 무엇밖에 안 보인다고 하는 말이 있습니다.

(2) 우리의 눈을 가로막는 들보들을 제거해야 합니다.

마 7:5절에 보면 자기의 눈 속에 있는 들보를 빼어야 남의 눈 속에 있는 티를 볼 수 있다고 했습니다.

(3) 어린 아이와 같은 심정으로 보아야 잘 보입니다.

마 11:25절에 "아버지여 이것을 지혜롭고 슬기 있는 자들에게는 숨기시고, 어린아이들에게는 나타내심을 감사하나이다."라고 했습니다. 우리가 진리를 보지 못하는 것은 어린아이와 같은 순수한 눈을 가지고 있지 않기 때문입니다.

네가 누구냐?

(요1:19~28)

1. 이 말씀을 하게 된 배경

본문은 주님의 공생애 첫 날에 일어난 일입니다. 예루살렘의 산헤드린에서 대표단을 구성해서 세례요한에게 보내었습니다. 제사장들과 레위인들로 구성된 대표단인데 일종의 조사위원회의 성격을 가진 것입니다. 그들의 목적은 세례 요한이 누구인지를 확인하는 것이었습니다.

(1) 첫 번째 질문은 당신이 메시아인가?

즉 로마로부터 이스라엘을 해방시킬 자인가 하고 물었습니다. 이때 요한은 '아니다'라고 대답하였습니다.

왜 당시 유대인들이 요한을 메시아로 생각했을까요? 그것은 그가 세례를 베풀었기 때문입니다. 요한의 명성은 예루살렘을 떠들썩하게 하였고, 그래서 심지어 요한에게 물세례를 받으려고 광야로 많은 사람들이 몰려 왔을 정도였습니다.

(2) 두 번째 질문은 그렇다면 엘리야인가?

이들이 요한을 엘리야로 생각한 것은 그의 옷이나 금욕적인 생활, 또 회개를 선포하는 메시지나 헤롯의 비리 등을 신랄하게 비판하였는데 그런 모습이 엘리야를 연상케 하였기 때문입니다.

(3) 세 번째 질문은 그러면 "네가 그 선지자냐?"

모세가 예언한 그 선지자인가? 라는 질문입니다. 신 18:15절에 보면 "나와 같은 한 선지자"가 올 것이라고 모세가 예언을 하였기 때문입니다. 이번에도 요한은 아니라고 대답했습니다. 모든 면에서 요한은 자신을 최대한 낮추어서 대답하였습니다.

2. 자신을 발견한 사람은 참으로 행복한 사람

인생에 있어서 먼저 내가 누구인가를 깨달을 때까지는 우리는 방황하게 되고, 무엇을 해야 할지를 모릅니다. 그러나 우리가 정체성을 깨닫게 되면 내가 무엇을 해야 할 것인가 하는 사명감을 가지게 됩니다. 그러므로 자신을 발견한 사람은 참으로 행복한 사람입니다.

그러면 나는 누구입니까?

첫째 나는 모든 죄에서 용서함을 받은 하나님의 자녀입니다(요1:12).
둘째 나를 속박한 사탄의 손에서 해방된 참 자유인입니다(시107:2).
셋째 나는 의인이 되고(롬5:1), 새로운 피조물이 되었습니다(고후5:17).
넷째 하나님의 영광을 이어 받을 후사입니다(롬8:17).

3. 하나님의 자녀로 해야 할 임무

그렇다면 하나님의 자녀로 우리가 해야 할 임무는 무엇일까요?

(1) 주의 길을 곧게 하는 예비자입니다.

우리는 자신의 마음은 물론이고 가정과 직장에 주님이 오셔서 다스릴 수 있도록 준비를 해야 합니다. 높은 곳은 낮게, 굽은 곳은 바르게 펴서 주님이 오시기에 편리하도록 만들어야 합니다.

(2) 광야에서 외치는 소리입니다.

소리는 의미가 있습니다. 내용이 있습니다, 메시지가 있습니다. 우리는 주님을 소개하는 소리가 되어야 합니다.

(3) 세례요한처럼 물로 세례를 주어야 합니다.

물로 세례를 주어서 주님을 영접할 수 있게 하는 복음의 전파자가 되어야 합니다.

예수의 이름

(행16:11~18)

이름은 누구에게나 중요합니다. 그 중에서도 예수님의 이름은 둘도 없이 중요합니다. 왜냐하면 예수라는 이름 자체가 바로 우리의 구주가 되신다는 뜻이 있기 때문입니다. 또한 예수라는 이름은 주님께서 세상에 오셨을 때에 하나님이 주신 이름입니다. 예수라는 이름은 우리에게 구원을 주시기에 충분한 이름입니다.

1. 먼저 이름의 중요성을 말씀 드리겠습니다.

창 5:2절에 하나님께서 사람을 창조하신 다음에 그들의 이름을 사람이라고 일컬었다고 했습니다. 또 2:19절에 보면 하나님께서 아담에게 동물들의 이름을 짓도록 하셨다는 말도 나옵니다. 또 창세기 12장에 보면 아브라함에게 주신 축복의 하나가 "네게 복을 주어 이름을 창대케 하리"라는 것(창12:2)이었습니다.

모세가 하나님의 소명을 받고 자신의 신분 문제로 주저했습니다. 보낸 자의 이름이 무엇이냐고 물을 때 어떻게 대답해야 할지를 몰랐던 것입니다. 그때에 하나님께서는 "나는 스스로 있는 자" 즉 여호와라고 자신의 이름을 밝혀 주셨습니다.

우리는 아브람이 아브라함으로 변하고, 야곱이 이스라엘로 변하고, 사울이 바울로 변하는 모든 과정에서 이름이 바로 그 사람의 인격적 변화요 운명의 변화인 것을 볼 수 있습니다. 그래서 천주교에서는 예수를 믿으면 이름을 새로 지어줍니다. 이슬람에서도 개종하면 새 이름을 줍니다. 한국에서는 이름을 위한 작명소까지 있습니다. 옛날에는 이름이 너무 좋으면 귀신이 시샘을 한다고 해서 개똥이, 소똥이, 말똥이라고도 지었습니다.

2. 예수의 이름의 능력

본래 예수란 말은 호세아, 여호수아와 같은 뜻입니다. 마 1:21절에서 요셉에게 천사가 현몽한 내용이 나옵니다. 마리아가 잉태한 것은 성령으로 된 것이므로 데려오기를 두려워 말 것, 다음은 아들을 낳을 테니 이름을 예수라고 하라는 것이었습니다. 중요한 것은 이름을 하나님이 지어주셨다는 것입니다. 그 뜻은 자기 백성을 죄에서 구원할 자라는 의미였습니다.

그런데 예수님의 이름이 얼마나 놀라운 역사가 일어나는지 모릅니다.

(1) 그 이름을 믿는 자의 권세

그 이름을 믿는 자들에게는 하나님의 자녀가 되는 권세를 주신다고 했습니다(요1:12). 요일 5:13절에는 예수님의 이름을 믿기만 하면 영생을 얻는다고 했습니다.

(2) 이름으로 얻는 죄 사함

요일 2:12절에 "너희 죄가 그의 이름으로 말미암아 사함을 얻을 것이요"라고 했습니다.

(3) 예수의 이름을 사용하면 기도 응답이 된다고 했습니다.

요 14:13절에 "너희가 내 이름으로 무엇을 구하든지 내가 시행하리니"라고 약속했습니다.

(4) 내 이름으로 모인 곳에는

마 18:20절에 "내 이름으로 모인 곳에는 나도 그들 중에 있느니라"고 약속했습니다.

오늘날 우리의 예배에 주님이 함께하시는 것은 오직 주님의 이름으로 모일 때라는 조건과 단서가 붙은 것입니다.

(5) 예수의 이름으로 세례를 받고 안수할 때

주 예수의 이름으로 세례를 받고 안수할 때에 성령이 임한다고 했습니다(행19:5~6).

성령은 하나님께서 예수님의 이름으로 부어주십니다.

(6) 나사렛 예수 그리스도의 이름으로 기도

행 3:6절에 "베드로가 가로되 은과 금은 내게 없거니와 내게 있는 것으로 네게 주노니, 곧 나사렛 예수 그리스도의 이름으로 걸어라"고 했을 때 앉은뱅이가 일어서서 뛰었습니다.

질병으로 고통을 당하는 분들이 있습니까? 예수님의 이름으로 명하시면 물러갑니다.

3. 우리는 예수님의 이름을 어떻게 해야 합니까?

대답은 간단합니다. 주님의 이름을 높여야 합니다. 존귀하게 여겨야 합니다. 그리고 날마다 생활 속에서 주님의 이름을 통하여 구원받고, 승리하여야 합니다.

삶 속에서 실패로 인해서 좌절감을 가지고 있는 분들이 계십니까? "예수님!" 하고 큰 소리로 불러보시기 바랍니다. 새로운 힘이 생기고, 우리의 가는 걸음을 인도해 주십니다. 예수님의 이름을 꿈에라도 잊지 말고 항상 붙들고 살아야 합니다.

해이함의 문제점

(고전5:1~5)

고린도전서 5장과 6장에서는 네 가지 중요한 도덕적 문제를 다루고 있습니다. 본문에서는 근친상간의 문제점을 다루고 있습니다.

1. 고린도 교회의 특징

고린도 교회는 이방인들이 많습니다. 그러므로 과거의 나쁜 관습을 신자가 된 후에도 못 버렸습니다. 그 중에 하나가 성도덕의 문제였습니다. 그 중에서도 바울은 여기서 "그 아비의 아내를 취하는" 문제를 다루고 있습니다. 아비의 아내란 어머니를 뜻하는데 왜 이렇게 돌려서 말하는 것일까요?

이것은 자기를 낳은 어머니가 아니기 때문입니다. 재혼이거나 첩을 얻은 경우를 말합니다. 이런 경우는 르우벤이 아버지의 첩이었던 빌하를 범함으로 장자권을 상실한 경우를 우리는 볼 수 있습니다.

이런 경우가 교회 안에서 일어났을 때 교회는 어떤 조치를 취해야 할 것인가?

솔직히 음행의 문제는 증거가 분명치 않은 경우가 많기에 감정이 개입되는 아주 민감한 문제이기에 잘못하면 형제를 잃을 뿐 아니라 교회 전체에 큰 시험이 됩니다.

그런데 고린도 교회는 음행을 범하면서도 교만할 뿐 아니라 자신의 죄를 통한이 여기지 않았다는 데 있습니다.

3~5절에서는 이런 형제를 치리하는 방법에 대해서 언급하고 있습니다. 근친상간은 이방인 중에도 없다고 합니다. 그런데 고린도 지방은 성적으로 너무도 타락하고 문란하여 이런 문제를 별로 이상하게 여기지 않습니다.

교회는 검사도 경찰도 아닙니다. 남을 정죄해서는 안 됩니다. 그러나 공개적인 죄를 그냥 넘기면 이 음행은 누룩처럼 번집니다. 6절에 "작은 누룩이 온 덩어리에 퍼지는 것을 알지 못하느냐"고 했습니다.

2. 왜 음행이 큰 죄인가?

하나님이 가장 싫어하시는 것, 즉 가증스럽게 여기는 것은 우상숭배였습니다. 우상숭배는 영적 음행입니다. 그런데 영적 음행인 우상숭배가 육적 음행과 깊은 관계를 가집니다. 신약시대의 우상은 탐욕입니다. 눈에 보이는 형상보다 안 보이면서 우리를 지배하는 탐욕은 더 무서운 것입니다. 그러므로 요일 2:16절 말씀처럼 육신의 정욕과 안목의 정욕과 이생의 자랑을 멀리해야 합니다.

3. 치리의 중요성

현대 교회의 문제는 치리가 거의 없다는 데 있습니다. 그런데 치리가 없다는 것은 교회가 교회답지 못하다는 뜻입니다. 치리의 목적은 누구를 정죄하기 위해서가 아니라 교회의 표준을 분명히 제시해야 하고, 더욱 중요한 것은 사랑의 매를 사용하지 않을 때에 영적 해이함이 생기고, 나중에는 하나님 무서운 줄을 모르기 때문입니다.

치리는 크게 두 가지가 있습니다.

첫째는 교회를 분열시키는 경우이고

둘째는 이단을 조장할 때입니다.

교회가 이런 일을 용납하게 되면 전도의 길이 막히고 또 죄악의 누룩이 번지기 때문입니다. 그래서 2절에 보면 "그 일 행한 자를 너희 중에서 물리치니 아니하느냐"고 했습니다. 13절에서는 "이 악한 사람은 너희 중에서 내어 쫓으라" 즉 출교시키라는 것입니다.

이것은 두 가지의 이유가 있습니다.

첫째는 교회의 권위를 보여주고 사회를 향해서 교회다움을 증거 하기 위해서입니다.

둘째는 교인들에게 음행의 무서움을 깨닫게 하기 위해서입니다.

먼저 자기 집에서 효를 행하여

(딤전5:4)

세계적인 위기는 바로 가정의 위기에서 비롯되고 있습니다. 세계에서 노인들의 복지제도가 가장 발달한 나라는 스웨덴입니다.

그런데 이상한 것은 스웨덴의 양로원에서 데모가 일어났습니다. 이 정부에서 노인복지를 중단하라는 것입니다. 이유는 정부 때문에 자식을 다 잃었다는 것입니다. 복지제도가 인간관계를 다 파괴하고 있으니 현 제도를 폐지하라는 것입니다.

여기서 우리는 배워야 할 것이 있습니다. 사람들이 그처럼 원하는 노인복지 제도가 가정의 제도를 깨뜨리고 있다는 것입니다.

인류의 역사는 크게 네 단계로 발전하여 왔습니다.

첫째 농경시대에는 배고파서 못 살겠다가 구호였습니다.

그래서 공정한 분배를 주장하였고, 그것을 위해서 투쟁하였습니다.

둘째 산업혁명시대에는 힘들어서 못 살겠다가 구호였습니다.

그래서 노조가 생기고, 8시간 근로시간이 생겼습니다.

셋째 20세기가 되면서는 바빠서 못 살겠다는 구호로 바뀌었습니다.

넷째 21세기에 접어들어서는 외로워서 못 살겠다고 난리입니다.

지금 우리가 사는 시대는 외로운 시대입니다. 물론 따지고 보면 아담과 하와가 하나님을 떠난 이후에 인간은 근본적으로 언제나 고독한 존재였습니다. 왜냐하면 본향을 잃었기 때문입니다. 교회는 이러한 시대에 가정의 회복을 위해 힘써야 합니다.

본문에는 효를 통해서 부모에게 보답하는 것을 배우라는 것입니다.

1. 왜 우리는 효도를 해야 하는가.

부모에게서 생명을 받았고, 보살핌을 받았고, 사랑을 받았고, 교육을 받았습니다.

동양 사람들은 다 부모에 대한 효도를 강조합니다. 중국 사람들은 질서를 위해서 효도를 합니다. 그래서 수신제가치국평천하라고 가르칩니다. 일본 사람들은 보은을 위해서 효를 행하여야 한다는 것입니다. 그러나 한국 사람들은 체질적으로 효를 행합니다. 효가 몸에 배어 있습니다. 그래서 동방예의지국이란 말을 들어왔습니다.

(1) 성경은 부모를 공경하라고 가르치고 있습니다.

효도가 하나님의 뜻이기 때문입니다. 십계명의 5번째를 보면 "네 부모를 공경하라"고 하면서 "이것이 옳으니라"고 이유를 밝히고 있습니다. 중요한 것은 대인관계의 첫 번째 계명이 바로 효도입니다. 효도가 바로 인간관계의 시작이고 근본이기 때문입니다.

(2) 효도가 모든 질서의 근본이 되기 때문입니다.

가정 질서의 근본은 효도입니다. 효도를 바로 하는 아이들이 형제간에 우애가 있습니다. 다시 말하면 부모에게 효도를 하지 않는 사람들은 형제간에 우애하지 않습니다. 또 회사나 직장에서 상관들을 섬길 줄 모릅니다.

2. 효도를 행할 때에 주시는 하나님의 축복은?

엡 6:3절에 "이는 네가 잘 되고, 땅에서 장수하리라"고 했습니다. 효도가 성공과 장수의 비결이란 것입니다.

3. 효도하는 방법은?

(1) 부모님을 외롭지 않게 해드리는 것입니다.

손자, 손녀들과 함께 있도록 하면 노인들은 외롭지 않습니다. 부모를 어떻게 공경합니까? 잠언 23:25절 말씀처럼 부모를 즐겁게 하고 기쁘게 해드리는 것입니다.

(2) 부모님이 병들었을 때에 돌보아 드리는 것입니다.

많은 경우에 노인의 병에는 특별한 약이 없습니다. 참으로 돌보는 것은 함께하는 일입니다. 그것이 효도하는 방법입니다.

(3) 효도하는 것으로 끝나면 안 됩니다.

기독교적 효도는 부모에게 대한 효도를 통해서 하나님 공경하는 법을 배우는 데 있습니다. 효도란 것은 궁극적으로 하나님을 공경하는 법을 배우는 데 그 목적이 있습니다.

하늘에서 주신 바 아니면

(요3:22~30)

1. 역사를 움직이는 것은 무엇인가?

(1) 인간의 의지와 노력으로 역사는 발전한다는 이론

인본주의자들은 인간의 의지대로, 노력하는 대로 역사는 움직여진다고 생각합니다.

(2) 하나님의 예정과 주권 속에서 모든 것이 이루어진다는 이론.

본문에서 하늘에서 주신 바 아니면 사람이 아무것도 받을 수 없느니라는 말씀은 하나님의 절대주권을 말씀한 것입니다.

2. 세례요한의 생애 마지막 몇 날에 관한 기록

당시 요한의 인기는 마 3:5절에 온 유대가 요한에게로 나아 왔다고 할 만큼이었습니다. 그런데 사람들이 주님께로 몰려가자 요한의 제자들이 제기한 두 가지 문제가 있었습니다.

첫째는 25절의 결례에 대한 변론입니다.

둘째는 26절의 주님의 인기가 요한의 인기보다 앞선 것 때문입니다.

결례란 본래 장로들의 유전에서 시작한 것입니다. 레위기에 나오는 부정한 것을 만졌을 때에 어떻게 정결케 하느냐, 손을 씻음으로 정결케 하려고 하였습니다. 그러나 중요한 것은 손을 씻어도 마음의 죄는 씻겨

지는 것은 아닙니다. 죄는 주님의 보혈만이 정결케 할 수 있습니다. 히 9:14절에 "흠 없는 자기를 하나님께 드린 그리스도의 피가 어찌 너희 양심으로 죽은 행실에서 깨끗하게 하고 살아 계신 하나님을 섬기게 못하겠느뇨?"라고 말씀했습니다.

두 번째 문제는 하나님께서 주신 바 아니면 아무도 취할 수 없다는 점입니다. 이것은 세상의 모든 것이 하나님의 허락 없이는 안 된다는 것입니다. 모든 것은 하나님의 주권 속에서 이루어집니다.

3. 우리가 배워야 할 세례요한의 철학은?

(1) 겸손입니다.

"그는 흥하여야 하겠고, 나는 쇠하여야 하리라" 이것은 주님은 증가하고 요한은 감소한다는 뜻입니다. 우리는 다 겸손해야 합니다. 약 4:6절에 "하나님은 교만한 자를 물리치시고, 겸손한 자에게 은혜를 주신다"고 했습니다. 이것이 요한이 말한 제자들의 질문에 대한 답변이었습니다.

(2) 요한은 자신의 위치를 정확하게 알고 있었습니다.

많은 사람들은 인기가 있으면 착각합니다. 자신이 대단한 존재인 줄 압니다. 그러나 요한은 역사의 주인공은 신랑되신 예수님이시고, 자신은 서서 신랑의 음성을 들으며 기뻐하는 들러리에 불과하다는 것을 알고 있었습니다.

(3) 요한은 항상 하나님의 나라를 구하는 사람이었습니다.

예수님이 메시야인 것을 제일 먼저 발견한 사람은 바로 요한입니다. 하나님의 나라를 구하는 자였기 때문입니다. "너희는 먼저 그의 나라와 그의 의를 구하라. 그리하면 이 모든 것을 너희에게 더 하시리라". 이것은 천국의 시민권을 구하는 자세를 말합니다.

4. 하나님의 절대주권을 믿는 성도들의 생활은?

(1) 말씀 중심으로 생활해야 합니다.

성경에는 전지전능하신 절대주권을 가지신 하나님의 말씀이 기록되어 있기 때문입니다.

(2) 기도하기를 힘씁니다.

기도는 주님과의 속삭임입니다. 사랑하는 자는 남들이 보든지 안 보든지 서로 대화를 나눕니다. 마찬가지로 절대주권을 믿는 성도는 주님과 기도하기를 힘씁니다.

(3) 항상 겸손 합니다.

그는 흥하고 나는 쇠하여야 한다는 자세를 가집니다.

특별계시와 예수님

(요 32~36)

1. 종교의 필요성

다른 동물들은 다 머리가 밑을 향해 있습니다. 그것은 땅의 것을 바라며 사는 것이 목적이기 때문입니다. 그러나 인간만은 직립동물로 하나님의 형상대로 지음 받은 영적존재입니다.

2. 나는 왜 그리스도인이 되었는가?

(1) 일반계시 때문입니다.

자연의 아름다움, 우주의 광대함, 자연의 질서는 하나님이 살아계신다는 결론 없이는 설명할 수가 없습니다. 이런 것은 우연히 되었다고 볼 수가 없습니다.

(2) 중요한 것은 특별계시를 통한 완전한 증거가 있기 때문입니다.

위로부터 오시는 이인 예수님이 우리들에게 주시는 증거는 완전한 증거입니다. 주님의 증거는 일관성이 있을 뿐만 아니라 완벽한 증거입니다.

3. 성경이 말하는 예수님은 어떤 분이십니까?

(1) 무엇보다 위로부터 오시는 이입니다.

하늘로부터, 즉 영적세계에서 오신 분이십니다

(2) 하나님의 계시자입니다(32절).

예수님은 하나님의 품속에 계셨던 분으로서 자신이 보고 들은 것을 증거 하였습니다. 하나님을 보여 달라는 도마를 향하여 "나를 본 자는 아버지를 보았거늘 어찌하여 아버지를 보여 달라하느냐?"(요14:9)고 말씀하셨습니다. 그러므로 기독교는 다른 종교처럼 인간이 신을 찾아서 가는 종교가 아니라 역사 속에서 구체적으로 나타난 예수님을 통해서 하나님을 보는 것입니다. 하나님이 친히 찾아오는 종교입니다.

(3) 성령으로 충만하신 분이십니다.

예수님은 성령으로 잉태되시고, 세례 받으실 때 성령이 비둘기같이 임하신 분이시고, 그가 이적을 나타낼 때 성령으로 나타낸 분이시고, 죽은 지 사흘 만에 부활하실 때에도 성령으로 말미암아 부활하신 분이십니다. 또 부활승천하신 후에는 보혜사 성령을 보내주신 분이십니다.

(4) 하나님의 사랑하는 아들이십니다.

왜 하나님은 주님을 사랑하셨을까요?

첫째는 주님은 아버지의 품속에 있는 독생자입니다(요1:18).

둘째는 아버지의 뜻을 따라 세상에 오셔서 구원의 역사를 이루셨기 때문입니다.

4. 우리 인간의 운명은 어떻게 되는가?

예수님만이 홀로 인간의 운명을 결정하십니다.

35절에 "만물을 다 그 손에 주셨으니"

마 28:18절에 "하늘과 땅의 모든 권세를 내게 주셨으니"

우리의 생사화복이 주님의 손안에 있다는 말씀입니다. 그러면 하늘과 땅의 모든 권세를 가지신 예수님은 어떻게 하십니까?

(1) 아들을 믿는 자에게는 영생을 주십니다.

(2) 아들을 믿지 않는 자에게는 두 가지 저주가 임한다고 했습니다.

첫째로 생명을 보지 못합니다.

요 3:36절에 "아들을 순종치 아니하는 자는 영생을 보지 못하고"

둘째로 하나님의 진노가 그 위에 머뭅니다.

요 3:36절에 "도리어 하나님의 진노가 그 위에 머물러 있느니라"

저를 믿는 자는

(요3:16~21)

믿음이란 하나님과 주님과만 관계가 되는 말입니다. 따라서 믿음이란 적어도 네 가지가 있어야 합니다.

첫째는 먼저 예수님을 구주로 영접해야 하고

둘째는 예수님을 의지해야 하고

셋째는 주님의 인도하심을 받는 사람이어야 하고

넷째는 믿음은 주님과 동행할 때에 사용되는 말입니다.

1. 믿음의 본질

히 11:1절에 "믿음은 바라는 것들의 실상이요 보지 못하는 것들의 증거"라고 했습니다. 단적으로 말하면 믿음이 실상이요 증거란 말입니다. 실상이란 실체란 뜻입니다. 증거란 말은 쉽게 말하면 믿음이란 어떤 권리증입니다.

그러면 하나님께서 우리들에게 무엇을 믿으라고 하십니까?

첫째는 그의 말씀을 믿으라고 하십니다. 성경에 기록된 모든 말씀을 믿으라고 하십니다. 이것이 믿음의 시작입니다.

둘째는 하나님께서 우리를 사랑하셔서 행하신 일, 즉 십자가로 말미암아 우리의 모든 죄가 다 용서되었다는 것을 믿으라는 것입니다.

셋째는 그의 창조와 주님의 부활과 그의 재림을 믿으라는 것입니다.

넷째는 이 땅에서도 우리와 함께 계셔서 우리를 돌보시고 계시고, 인
도하심을 믿으라는 것입니다.

2. 믿는 자에게 주시는 하나님의 축복은?

(1) 저를 믿는 자는 멸망치 않습니다(16절).

요한복음 3:16절은 작은 복음이라고 합니다. 하나님의 사랑은 죄의
문제를 해결해주고 있습니다.

믿음 자체가 우리를 구원하는 것은 아닙니다. 믿음의 대상이 되시는
사랑의 하나님이 우리를 구원하여 주시는 것입니다. 믿음은 다만 우리
를 구원해 주시는 하나님을 붙드는 영적 손일뿐입니다.

(2) 저를 믿으면 심판을 받지 않습니다(18절).

물론 흰 보좌 앞에서의 심판은 아무도 면할 수 없습니다. 그러나 우
리 성도들은 상급에 대한 구분이 있을 뿐이고, 천국이냐 지옥이냐의 심
판은 이 땅에서 믿느냐 안 믿느냐에 따라 다 이루어지는 것입니다. 그
러므로 심판은 미래적 사건이지만 실제적으로는 현재적 사건이기도 합
니다. 왜냐하면 땅에서 이루어지기 때문입니다.

왜 믿지 않는 자들이 심판을 받고 멸망을 합니까?

자신의 죄를 깨닫지 못하고, 죄를 포기하지 않기 때문입니다 그리고
빛으로 나오기를 거절하기 때문입니다.

(3) 저를 믿으면 영생을 얻게 하십니다(16절).

영생이란 시간적으로 끝없이 사는 것이 아닙니다. 질적으로 새로운
생명, 주님과 함께 하는 하늘의 생명을 말합니다. 그리고 이 영생은 죽
은 후에만 얻는 것이 아닙니다. 지금 여기서 얻게 됩니다. 요 17:3절에

"영생은 곧 유일하신 참 하나님과 그의 보내신 예수 그리스도를 아는 것이니라".

4. 저를 믿으면 빛 안에서 살게 됩니다(21절).

신자와 불신자의 차이점은 빛 안에서 사느냐 아니면 어두움 안에서 사느냐에 있습니다. 빛은 무엇입니까? 빛은 진리의 말씀인 예수님 자신을 말합니다. 주님은 빛으로 이 세상에 오셨습니다. 그래서 어떻게 살아야 할지를 보여주셨습니다. 주님의 빛이 아니면 볼 수가 없습니다. 깨달을 수 없습니다.

유쾌하게 되는 날

(행3:11~21)

우리는 유쾌하게 살아야 합니다. 유쾌해야 행복하고, 건강하고 모든 일이 능률적이 됩니다. 그러나 불행하게도 우리들은 유쾌한 삶을 살지 못하고 있습니다. 있다 해도 부분적일 뿐입니다.

1. 유쾌하게 되는 날이란 무엇이며 언제인가?

유쾌하게 되는 날이란 무슨 뜻입니까?

유쾌하게 되는 날은 편히 쉬게 되는 날, 상쾌하게 되는 놀라운 계절 등으로 번역이 되었습니다. 원문의 원 뜻은 주님의 임재에서 오는 유쾌하게 하는 계절이라는 뜻입니다. 그런데 이 유쾌함은 작게는 복주시마 약속한 주일에 이루어집니다.

크게는 하나님나라의 임재에서 옵니다. 그러므로 우리들도 예수님을 개인적으로 알게 되면, 개인적으로 체험을 하게 되면 중생에서 오는 유쾌한 체험을 하게 됩니다. 은혜와 축복을 받게 됩니다. 구원과 해방을 맛보게 됩니다. 힘과 헌신을 체험하게 됩니다. 휴식과 안식을 경험하게 됩니다. 이것이 바로 유쾌하게 되는 날입니다.

2. 유쾌하게 되는 비결은?

(1) 영적인 침체에서 벗어나야 유쾌하게 됩니다.

시 42:5,11절에 "내 영혼아 네가 어찌하여 낙망하며 어찌하여 내 속에서 불안하여 하는고? 너는 하나님을 바라라 나는 내 얼굴을 도우시는 내 하나님을 오히려 찬송하리로다."고 했습니다.

하나님을 바라보아야 침체현상에서 벗어날 수가 있습니다.

(2) 19절에는 회개와 돌이킬 때에 유쾌하게 된다고 했습니다.

우리는 먼저 회개하고, 다시 하나님께로 돌아가야 합니다. 왜냐하면 회개하고 돌이키게 될 때에 모든 죄가 용서함을 받게 되기 때문입니다. 그리고 하나님과의 관계가 회복되고, 천국이 임하기 때문입니다.

(3) 예수님을 나의 구주로, 메시야로 영접해야 유쾌하게 됩니다.

요 1:12절에 "영접하는 자 곧 그 이름을 믿는 자들에게는 하나님의 자녀가 되는 권세를 주셨으니"라고 했습니다.

(4) 온전히 주님께 헌신되었을 때 우리는 유쾌하게 됩니다.

우리는 할 일이 없을 때 기쁨을 상실하게 됩니다. 그러므로 우리는 참여자가 되어야 합니다. 헌신자가 되어야 유쾌하게 됩니다.

(5) 오직 주님만을 따라갈 때 우리는 유쾌하게 됩니다.

예수님의 제자들은 자신들의 직업과 가정과 형제와 모든 것을 버리고 주님을 따르게 되었을 때에 놀라운 변화가 일어났습니다. 세상을 뒤집을 수 있는 힘이 생겼습니다. 마음을 유쾌하게 하는 역사가 나타났습니다.

3. 유쾌하게 되는 날을 위해 어떻게 해야 하는가?

(1) 성령에 관한 죄를 짓지 말아야 합니다.

성령에 관한 죄는 세 가지가 있습니다.

첫째는 성령훼방 죄입니다.

이것은 성령의 역사를 고의적으로 방해하는 죄입니다.

둘째는 성령소멸 죄입니다.

이것은 성령의 역사가 일어나지 않도록 하는 것입니다.

셋째는 성령을 근심케 하는 죄입니다.

부모는 자식이 잘못된 길을 갈 때에 근심합니다. 성령도 마찬가지입니다.

(2) 주님의 일을 할 기회가 왔을 때

주님을 만날 기회, 주님의 일을 할 기회가 왔을 때 주저하지 말고, 그 기회를 취하여야 합니다.

항상 은혜를 받는 것이 아닙니다. 기회는 언제나 일회적입니다. 그러므로 은혜 받을 기회가 왔을 때 주저하지 말고 결단해야 합니다.

비는 어쩌다 오지만 그러나 그것으로 인해서 나무와 꽃과 풀은 자랍니다. 언제나 은혜를 받는 것은 아닙니다. 그러나 믿음을 지킬 수 있는 것은 은혜 받을 기회에 은혜를 받기 때문입니다.

(3) 신령한 것을 사모해야 위로부터 주시는 유쾌함이 계속됩니다.

왜냐하면 하나님은 사모하는 영혼을 절대로 버리지 않습니다. 말씀을 사모하고, 은혜를 사모하고, 영적인 세계를 사모할 때 위로부터 주님의 임재와 함께 유쾌함이 임합니다.

하나님의 손길이 임할 때

(행9:23~25)

인간은 본능적으로 위험이 다가올 때 피합니다. 생각할 겨를도 없이 피합니다. 그러나 피하는 것이 좋은 경우도 있지만 나쁜 경우도 있는 것을 우리는 기억해야 합니다. 그러므로 우리는 피하라고 하는 하나님의 손길이 임할 때에는 피하는 것이 좋습니다.

1. 피신이 반드시 비겁한 것만은 아닙니다.

피신은 두 가지가 있습니다. 하나는 하나님의 뜻일 때가 있고, 다른 하나는 사람의 뜻일 때가 있습니다. 인간적으로 피할 때에는 비겁한 것이지만 하나님의 뜻일 경우에는 순종입니다.

(1) 인간적인 뜻으로 피신한 경우를 살펴보겠습니다.

먼저 아브라함이 가나안 땅에 기근이 임했을 때에 애굽으로 피란 간 것입니다. 하나님께서 아브라함에게 가나안 땅으로 가라고 했을 때 그를 굶겨 죽이기 위해서가 아니었습니다. 하나님은 가나안 땅으로 간 뒤에 그를 시험했을 뿐입니다. 기근을 통해서 아브라함의 신앙을 테스트 했습니다. 역시 그는 아직 믿음의 조상이 되기에는 준비가 되지 못하였습니다. 그래서 성경에 보면 그는 내려갔다(창12:10)고 했습니다. 그러자 아브라함에게 시험이 왔습니다. 생명의 위협을 느끼게 된 것입니다. 그래서 아브라함은 그의 아내를 누이라고 거짓말을 했습니다. 그러나 하나님은 아브라함을 버리지 않으시고, 피할 길을 주셨습니다. 바로의 집에 재앙을 내려 사라를 지켜주신 것입니다.

(2) 하나님의 뜻으로 피신한 경우를 살펴보겠습니다.

요셉의 경우가 대표적인 것입니다. 요셉이 애굽에 간 것은 본인의 뜻과는 정반대되는 것이었습니다. 형제들에게 미움을 받아 애굽으로 팔려간 것입니다. 심지어 보디발의 아내에게 모함을 받다 감방에 갇혔습니다. 그러나 그 고난은 하나님께서 요셉을 교육시키고, 훈련시켜서 애굽의 총리로 세워 주실 뿐 아니라 온 가족을 애굽으로 피란시켜 한 민족을 이루게 하는 계기를 만들어 주신 것입니다.

오늘 바울의 경우도 하나님께서 피하게 하신 경우입니다.

바울의 개심과 선교가 알려지면서 두려워한 유대교에서는 주님을 죽였듯이 바울을 죽이려고 공모하였습니다. 바울을 잡으려고 성문에서 밤낮으로 기다렸습니다. 그러나 그것을 알게 된 바울은 밤에 광주리를 타고 성을 탈출하게 되었습니다. 사명이 있는 사람은 때가 되기 전에는 절대로 죽지 않습니다. 하나님께서 맡기신 사명을 다 감당했을 때 하나님께서 부르시는 것입니다.

2. 피신의 원리에 대해서 말씀드리겠습니다.

인간이 피하는 존재가 된 원인을 이렇게 설명합니다. 창 4:14절에 아벨을 죽인 가인의 자손들은 다 땅에서 피하면 유리하는 자가 되리라고 했습니다. 그렇습니다. 인간은 범죄 후에 피하고, 유리하는 자가 되었습니다.

그러면 피한다는 말은 무슨 뜻입니까? 본래 피한다는 것은 죽음에 대한 두려움에서 온 보호 본능입니다. 그러나 우리는 하나님께서 피하기를 원치 않을 때에는 피하지 말고, 고통이 와도 참고 기다려야 합니다.

(1) 피해서는 안 될 곳이 있습니다.

이사야 30:3절에 "그러므로 바로의 세력이 너희의 수치가 되며 애굽의 그늘에 피함이 너희의 수욕이 될 것이라"고 했습니다. 즉 권력에 아부해서 권력의 그늘에 피하려고 해서는 안 된다는 뜻입니다.

(2) 그러나 하나님께서 피하라고 할 때에는 순종입니다.

의지와 고집은 다릅니다. 미련과 지혜도 다릅니다. 예수님께서 12제자들을 파송하시면서 "내가 너희를 보냄이 양을 이리 가운데 보냄과 같도다. 그러므로 너희는 뱀같이 지혜롭고 비둘기같이 순결하라"(마10:16). 왜 지혜를 뱀에 비유했을까요? 그것은 위험이 왔을 때에 가장 잘 피하는 동물이기 때문입니다. 이처럼 피하는 것은 때로는 지혜일 때가 있습니다.

3. 피신의 방법에 대해서 말씀 드리겠습니다.

(1) 하나님께서 피하라고 한 것들을 피하면 됩니다.

고전 10:14절에 우상 숭배하는 일을 피하라고 했습니다. 다음에는 더러운 것을 피하라고 했습니다(벧후2:20). 딤전 6:20절에서는 망령되고, 허탄한 말과 변론을 피하라고 했습니다. 딤후 2:22절에는 정욕은 피해야 된다고 했습니다. 누가복음에서는 장차 올 진노를 피하라고 했습니다. 이처럼 피할 것이 많이 있습니다.

(2) 어디로 피해야 합니까?

잘못된 곳으로 피하는 경우가 많습니다.

다윗이 그러한 경우입니다. 삼상 21장에 보면 사울을 피하여 가드 왕 아기스에게로 피했습니다. 그러나 발각되었습니다. 이때 다윗은 미친 체하고 대문짝에 그적거리며 침을 수염에 흘렸다고 했습니다. 이런 망신이 어디 있습니까? 천하의 장사인 블레셋의 골리앗을 물매 돌로 물리친 다윗이 비겁해진 것입니다. 하지만 바른 피신도 많이 있습니다.

그리스도께서 애굽으로 피신한 것이 그것입니다. 하나님의 사자의 지시에 따랐기 때문입니다.

민수기 35:6절에 살인자로 피하게 할 도피성으로 여섯 개가 지정되었습니다. 고의적 살인이 아닐 경우 살 수 있는 길을 열어 주었습니다. 이것은 하나님의 자비의 표현입니다. 이 말씀은 신약적으로 말하면 도피성이 되시는 주께 피해야 할 것을 말씀한 것입니다.

4. 피신한 후에 주시는 하나님의 축복에 대하여

이사야 32:2~4절에는 주님께 피하는 자에게 주시는 축복을 네 가지로 지적하면서 "그 사람은 광풍을 피하는 곳 폭우를 가리는 곳 같을 것이며 마른 땅에 냇물 같을 것이며 곤비한 땅에 큰 바위 그늘 같으리니"라고 비유적으로 말씀했습니다.

구체적으로 주님께 피하는 자는

첫째로 "보는 눈이 감기지 아니할 것이요"라고 했고

둘째로 "듣는 자의 귀가 기울어질 것이며"라고 했습니다. 영적인 시력과 청력이 생긴다는 뜻입니다.

셋째는 "조급한 자의 마음이 지식을 깨닫고" 라고 했고

넷째는 "어눌한 자의 혀가 민첩하여 말을 분명히 할 것이라"고 했습니다. 다시 말하면 참된 지혜가 생기고, 영적인 지식이 생겨서 무엇을 말할지 알게 된다는 말씀입니다.

그러나 우리의 참 피난처가 되신 주님께로 피하면 안식과 함께 새로운 길이 열려집니다.

주의 은혜로 부탁함을 받고

(행15:30~41)

바울은 그의 일생을 거의 다 마치게 되었을 때에 이렇게 고백합니다. 고전 15:10절에 "그러나 나의 나 된 것은 하나님의 은혜로 된 것이니 내게 주신 그의 은혜가 헛되지 아니하여 내가 모든 사도보다 더 많이 수고하였으나 내가 아니요, 오직 나와 함께하신 하나님의 은혜로라."

사실 바울은 누구보다도 많이 배웠고, 열심을 냈습니다. 그러나 바울은 다메섹에서 주님을 만나기까지 기독교인들을 핍박하였고, 스데반을 돌로 쳐 죽일 때에 가표를 던진 사람이었는데 주님이 그를 전권으로 불러 사도로 만드신 것입니다. 그래서 모든 것이 다 하나님의 은혜라고 고백한 것입니다.

1. 은혜란 무엇인가?

구약에서는 은혜란 말이 카리스입니다. 그 뜻은 본래 기쁨이란 뜻입니다.

은혜의 또 다른 뜻은 "호의"란 말입니다. 호의란 말은 어떤 대가가 아닙니다. 그래서 은혜란 값없이 주시는 선물을 의미합니다.

2. 은혜로 우리에게 주시는 것은?

(1) 부르심을 받게 됩니다.

갈 1:15절에 "은혜로 나를 부르신 이"라고 했습니다. 아담의 원죄 이

후에 인간은 하나님 앞에 나아갈 수 없는 죄인들입니다. 따라서 부르심을 받는 것 자체가 하나님이 은혜입니다.

(2) 믿음을 주십니다

행 118:27절에 "은혜로 말미암아 믿는 자"라고 했습니다.

(3) 구원을 받습니다.

엡 2:8절에 "너희가 그 은혜로 믿음으로 말미암아 구원을 얻었나니 이것이 너희에게서 난 것이 아니요 하나님의 선물이라"

행 15:11절에 "주 예수의 은혜로 구원받는 줄을 믿노라"고 했습니다.

(4) 죄 사함을 받고 의롭다 함을 받습니다.

엡 1:7절에 "우리가 예수 그리스도 안에서 그의 은혜의 풍성함을 따라 그의 피로 말미암아 구속 곧 죄 사함을 받았으니."

롬 3:24절에 "그리스도 예수 안에 있는 구속으로 말미암아, 하나님의 은혜로 값없이 의롭다 하심을 얻은 자 되었느니라"고 했습니다.

(5) 직분을 받습니다.

롬 1:5절에 "그로 말미암아 우리가 은혜와 사도의 직분을 받아"라고 했습니다.

3. 은혜 받는 비결은?

하나님의 은혜는 인간이 범죄한 뒤부터 시작하였습니다. 아담아 네가 어디 있느냐고 하시면서 찾아오셨을 때부터 하나님의 은혜가 시작되었습니다. 이 은혜는 신분이나 행위나 공로와 관계없이 주시는 것입니다. 은혜는 전적으로 하나님께 속한 것이기에 우리의 행위와는 전혀 관계가 없습니다. 그러나 은혜를 받는 데는 몇 가지 비결이 있습니다.

(1) 겸손해야 합니다.

약 4:6절에 "그러나 더욱 큰 은혜를 주시나니 그러므로 일렀으되 하나님이 교만한 자를 물리치시고, 겸손한 자에게 은혜를 주신다 하였느니라."

(2) 말씀을 사모할 때에 은혜가 임합니다.

시 19:10절에 "금 곧 많은 정금보다 더 사모할 것이며"
벧전 2:2절에 "갓난아이들 같이… 젖을 사모하라"고 했습니다.

(3) 기도하면 은혜를 받습니다.

렘 33:3절에 "너는 내게 부르짖으라. 내가 네게 응답하겠고, 네가 알지 못하는 크고 비밀한 일을 네게 보이리라"고 했습니다.

(4) 예배를 통해서 은혜를 받습니다.

예배란 예수님을 만나는 의식입니다. 따라서 은혜를 받게 됩니다. 요 1:17절에 "은혜는… 예수 그리스도로 말미암아 온 것이라"고 했기 때문입니다.

(5) 복음을 전파할 때에 은혜가 임합니다.

초대교회의 성도들은 핍박이 일어날 때에 흩어졌습니다. 그러나 행 8:4절의 말씀처럼 "그 흩어진 사람들이 두루 다니며 복음의 말씀을 전할 새", 그런데 그때에 위로부터 은혜가 임했습니다. 13절에 보면 큰 능력이 나타났다고 했습니다. 은혜가 임한 것입니다.

무엇을 구하느냐?

(요1:35~42)

본문의 네가 무엇을 구하느냐? 하는 제목은 세례 요한의 제자 가운데 안드레를 보면서 하신 말씀입니다. 주님을 따르는 안드레에게 주님은 네가 무엇을 구하느냐? 하고 물었습니다.

1. 사람들이 구하는 것은 과연 무엇인가?

(1) 이방인들(불신자들)이 구하는 것은?

마 6:31~32절에 불신자들이 구하는 것은 무엇을 먹을까 무엇을 입을까 하는 것이라고 했습니다. 즉 물질을 구하고 있는 것입니다. 그런데 잠언에 보면 23:5절에 "재물은 날개를 내어 하늘에 나는 독수리처럼 날아가리라"고 하면서 허무한 것이라고 말씀하고 있습니다.

주님은 이런 것들을 구하는 자들에게 "믿음이 적은 자들아" 하시면서 염려하지 말라고 했습니다. 하나님은 이미 이런 것들이 우리들에게 있어야 할 줄을 알고 계시기에 우리는 하나님께 맡기면 되는 것입니다.

(2) 음란한 세대가 구하는 것은?

마 12:39절에 음란한 세대는 표적을 구한다고 했는데. 우리는 눈에 보이는 표적만 구하는 사람들이 되어서는 안 됩니다.

(3) 성도가 꼭 구해야 할 것은?

롬 2:7절에 "참고 선을 행하여 영광과 존귀와 썩지 아니함을 구하는"

사람들이 되어야 합니다.

고전 14:12절에 "그러면 너희도 신령한 것을 사모하는 자인즉 교회의 덕을 세우기를 위하여 풍성하기를 구하라"고 했습니다.

2. 주님이 우리에게 원하시는 것은 무엇인가?

(1) 무엇이든지 구하라

마 7:7절에 "구하라 그러면 너희에게 주실 것이요 찾으라 그러면 찾을 것이요, 문을 두드리라 그러면 너희에게 열릴 것이니"라고 말씀했습니다.

열왕기상 3장에서 솔로몬에게 "내가 네게 무엇을 줄꼬? 너는 구하라"고 했습니다. 솔로몬은 '지혜로운 마음을 주셔서 재판하여 선악을 분별하게 하옵소서.'라고 하였습니다. 하나님은 "너는 오직 송사를 듣고 분별하는 지혜를 구하였은즉 너의 구하지 않은 부와 영광도 내가 주노니"라고 하였습니다. 솔로몬이 구하는 것은 하나님의 마음에 맞았다고 하였습니다.

안드레가 구한 것은 '랍비여 어디 계시오니까?'였습니다. 이 말은 주님이 거주하시는 곳을 물은 것으로 아마도 주님의 말씀을 더 듣고 싶었고, 주님과 교제를 하고 싶어서였습니다. 이 얼마나 지혜로운 요청입니까?

(2) 인간적인 요구와 주님의 의지

마 20:20~22절에 세베대의 아내가 예수님께 나와서 로비를 한 것을 볼 수 있습니다. 메시야 왕국이 지상에 임했을 때에 요한은 주님이 우편에, 야고보는 좌편에 앉게 해 달라는 요청이었습니다. 요한의 어머니는 오늘의 우리 한국의 어머니들과 같습니다. 자녀를 위해서 부끄러움도 무릅쓰고 주님께 요청한 것입니다. 주목할 것은 지상에서의 자리를 요구한 것입니다. 따지고 보면 권력을 차지하려고 하는 요청이었던 것입니다. 그러나 주님이 원하는 것은 결코 그런 것이 아닙니다.

(3) 먼저 그의 나라와 그의 의를 구하라

마 6:33절에 "너희는 먼저 그의 나라와 그의 의를 구하라. 그리하면 이 모든 것을 너희에게 더 하시리라." 우리가 구할 것은 그의 나라와 그의 의입니다.

3. 구할 때에 가져야 할 우리의 자세는?

마 21:22절의 말씀대로 먼저 믿고 구해야 합니다. 새가 두 날개로 날듯이 구하는 것을 얻으려면 믿음과 기도의 두 날개가 있어야 합니다.

중요한 것은 의심하지 말아야 합니다. 눅 11:13절에 "너희가 악할지라도 좋은 것을 자식에게 줄 줄 알거든 하물며 너희 천부께서 구하는 자에게 성령을 주시지 않겠느냐?"했습니다.

또 중요한 것은 간절히 구해야 하고 계속해서 구해야 합니다. 중단하면 안 됩니다. 그러므로 구하는 자에게 인내가 필요합니다.

위를 바라보는 가정

(신6:1~9)

현대의 위기는 가정의 위기입니다. 또 가정의 위기는 바로 교회의 위기입니다. 왜냐하면 가정은 가장 작은 교회요, 교회는 가장 큰 가정이기 때문입니다. 현대의 위기인 가정의 위기를 해결하려면 세 가지 방향을 바라보아야 해결됩니다. 뒤를 돌아보고, 위를 쳐다보고, 앞을 내다보아야 합니다.

1. 왜 우리는 위를 바라보아야 하는가?

(1) 4절, "우리 하나님 여호와는 오직 하나인 여호와시니."

이 말씀은 우리의 삶에서 모든 우상을 버리고 오직 하나님만 섬겨야 한다는 말씀입니다. 왜냐하면 우리의 초점을 흐리게 하는 것이 바로 우상이기 때문입니다.

무엇이 우상입니까? 탐욕이 우상입니다.

무엇이 우상입니까? 하나님보다 더 사랑하는 것이 우상입니다.

이것을 버려야 합니다. 왜냐하면 하나님께서 가증하게 여기는 것이 우상이기 때문입니다.

(2) 인간은 하나님의 형상대로 지음 받은 존재이기 때문입니다.

그러나 창 6:3절에 보면 "여호와 하나님이 가라사대 나의 신이 영원히 사람과 함께하지 아니하리니 이는 그들이 육체가 됨이라"고 했습니다. 이때부터 인간은 위를 바라보지 않고, 동물처럼 땅만 바라고보 살게 되었습니다.

그러면 하나님이 우리를 창조하신 목적이 무엇입니까? 고전 10:31절에 "그런즉 너희는 먹든지 마시든지 무엇을 하든지 다 하나님의 영광을 위하여 하라"라고 말씀했습니다.

(3) 위를 쳐다보지 않으면 초점을 잃고 말기 때문입니다.

옛날 뱃사람들이 항해를 할 때에는 반드시 북극성을 중심으로 자신의 위치를 판별하였습니다. 마찬가지로 영적으로도 자신의 위치를 알려면 하나님과 초점을 맞추어야 합니다. 그래야 내가 어디에 서 있는지, 바른 길로 가고 있는지 알 수 있습니다.

(4) 위로부터 빛들의 아버지께서 내려오나니

약 1:17절에 "각양 좋은 은사와 온전한 선물이 다 위로부터 빛들의 아버지께서 내려오나니"라고 했기 때문입니다. 세상의 모든 해답이 다 위로부터 오고, 모든 축복이 다 위로부터 오기에 우리는 항상 하나님에게 초점을 맞추어야 합니다.

2. 위를 쳐다본다는 말은 구체적으로 무엇인가?

(1) 십자가에 달리신 예수님을 바라보는 믿음

민 21:9절에 있는 장대 위에 달린 불 뱀을 바라보는 것을 말합니다. 이것은 요한복음에서는 십자가에 달리신 예수님을 바라보는 믿음을 말합니다.

(2) 최우선 순위를 하나님께로 두고, 맞추는 것을 말합니다.

3. 어떻게 우리는 위를 쳐다보면서 살아야 하는가?

(1) 주일성수를 통해서 우리의 초점을 하나님과 맞출 수가 있습니다.

하나님께서는 구약시대에는 안식일을 통해서, 신약시대에는 주일을 통해서 우리들과 초점을 맞추십니다. 우리는 주일성수에 대한 개념이 철저해야 합니다.

(2) 교회중심의 생활을 할 때 우리 초점을 위로 맞출 수가 있습니다.

물론 교회란 건물이 아니라 인격을 가진 성도들의 모임입니다. 그러나 건물은 그 성도들의 모임이 거주하는 집이기에 결코 무시할 수 없습니다. 마치 몸이 내가 아니지만 몸을 떠나서 나를 말할 수 없는 것과 같습니다.

(3) 쉐마 교육을 통해 우리의 초점을 하나님과 맞출 수가 있습니다.

쉐마 교육이란 일종의 성경을 통한 신앙교육입니다. 쉐마 교육의 내용은 네 가지로 나눌 수 있습니다.

첫째 전인격적으로 하나님을 사랑하는 것입니다.

둘째 전생을 통해서 하나님을 가르치고 전파하는 것입니다.

셋째 삶의 모든 현장을 통해서 하나님께 대한 사랑을 실천해야 하는 것입니다.

넷째 예수님이 나와 같은 입장이시라면 어떻게 할 것인가 라는 입장에 서서 기도와 말씀을 통해 하나님과 초점을 맞추는 것입니다.

인생은 나그네입니다. 그러므로 방향을 잘못 맞추면 목적지에 도달할 수 없습니다. 우리의 가정들이 위를 쳐다보는 삶을 통해서 하나님과의 초점이 맞추어져야 되겠습니다.

고난의 의미

(고후6:1~10)

1. 고난의 종류

고난은 셀 수 없을 만큼 많습니다. 그러나 중요한 몇 가지만 말씀드립니다.

(1) 질병의 고난이 있습니다.

과학과 의학 발달이 많이 이루어졌지만 그러나 새로운 수많은 질병들이 있습니다.

(2) 배고픔의 고난이 있습니다.

하나님께서는 모든 인류가 다 먹을 만큼 창조하셨지만 인간의 욕심으로 인해 부익부, 빈익빈이 되어서 약 10억의 사람들이 굶주리고 있습니다.

(2) 억울하게 누명을 쓸 때 오는 심적 고난이 있습니다.

그래서 우리 한국 사람들에게는 화병이란 것이 있습니다.

(4) 가정관계에서 오는 고난도 있습니다.

가정은 하나님께서 에덴동산을 상실한 사람들에게 주신 지상의 천국이지만 그러나 결손가정이 많은 것에서 볼 수 있듯이 사탄은 많은 가정을 흔들고 있습니다.

(5) 하나님의 일을 할 때 오는 고난이 있습니다.

세상일에만 고난이 있는 것이 아니라 하나님의 일을 할 때에도 사탄은 그냥 있지를 않습니다. 교회들을 흔들고, 성도들을 흔듭니다.

2. 고난의 의미

(1) 불순종의 결과로 당할 때가 많습니다.

죄의 삯으로 오는 고난이 있습니다.

(2) 훈련의 과정일 수도 있습니다.

운동선수들이 훈련을 위해서 고난을 당하듯이 하나님께서는 그의 백성들을 훈련시키기 위해서 고난을 주실 때도 있습니다.

(3) 진리를 깨닫고, 축복 받는 과정으로 고난을 당하기도 합니다.

(4) 하나님의 영광을 위해서 고난을 당하기도 합니다.

3. 고난을 대하는 성도의 자세는?

(1) 고난이 오는 이유를 먼저 깨달아야 합니다.

내 죄의 결과인가? 아니면 욥처럼 의인으로서 당하는 고난인가? 아니면 나를 훈련시키시려는 하나님의 방편이신가? 하나님의 영광을 나타내기 위한 고난인가?

(2) 고난이 은혜의 보자기인 것을 믿어야 합니다.

우리는 고난을 자초할 필요는 없습니다. 그러나 피하거나 두려워 할 필요가 없습니다

(3) 고난이 하나님의 풀무인 것을 볼 수 있어야 합니다.

고난을 어떻게 보느냐에 따라 모든 것이 변합니다. 사회 개량주의자, 비관주의자, 향락주의자가 될 수 있습니다.

우리가 알아야 할 것은 고난은 하나님의 풀무라는 것입니다. 하나님
이 기뻐하시는 도구로 만들기 위해서 하나님이 쓰기시게 합당한 존재로
만들기 위해서 고난을 주신다는 말씀입니다.

4. 고난을 당할 때 우리는 어떻게 해야 하는가?

1) 겸손한 마음으로 내가 당하는 고난의 의미를 깨달으려고 해야 합
   니다.

2) 고난은 우리를 깨끗하게 해주는 것임을 믿고 감사해야 합니다. 고
   난을 감사한다는 것은 쉬운 일이 아닙니다만 그래야 고난에 대한
   해결책이 나옵니다.

3) 내 몫에 태인 고난의 십자가를 기쁨으로 져야 합니다. 그러면 나
   중에 주님이 내 십자가를 지고 가고 더 중요한 것은 십자가가 나
   에게 더하기가 되어 나를 인도하고 도움이 됩니다.

(4) 고난은 하나님이 나에게 주시는 기회이기도 합니다. 훈련의 기
   회, 축복을 깨닫게 하고 배우게 하는 기회입니다. 하나님은 고난
   을 이용해서 그의 뜻을 이루어 가십니다.

바른 예배

(계4:6~11)

1. 예배란 무엇인가?

예배란 말은 본래 엎드려 경배한다, 섬긴다는 뜻입니다. 하나님을 공경하고 경배하기 위해 섬긴다는 뜻입니다. 예배라고 할 때 좁은 의미의 예배가 있고 넓은 의미의 예배가 있습니다.

좁은 의미의 예배는 구속함을 입은 성도들이 살아 계신 하나님께 찬송과 기도와 예물을 통해서 경배하는 것입니다. 넓은 의미의 예배란 예배의 정신을 가지고, 우리의 일터에서 하나님을 섬기는 것을 말합니다. 따라서 이웃을 사랑하는 것도 예배이고, 직장에서 빛과 소금이 되는 것도 예배입니다. 한국교회가 사회에 영향을 주지 못하는 것은 좁은 의미의 예배만 드리기 때문입니다.

그러면 예배의 목적이 무엇입니까?

첫째로 하나님께 영광을 돌리는 데 있습니다. 하나님이 나타나는 것이 영광입니다. 하나님의 하나님 되심이 나타날 때 그것이 바로 하나님의 영광입니다. 우리가 예배를 드리거나 삶을 살아갈 때 하나님이 나타나야 합니다. 그것이 하나님의 영광입니다.

둘째로 우리들이 은혜를 받는데 있습니다. 인간은 하나님의 은혜 없이는 살 수가 없고, 구원 받을 수도 없고, 주의 일도 할 수 없기 때문입니다. 모든 것이 하나님의 은혜를 통해서 됩니다. 그런데 그 은혜가 예배를 통해서 이루어집니다.

셋째로 복음의 진리를 전파하는데 있습니다. 사람들이 교회에 오는 것은 전도를 받고 오기도 하지만 예배를 통해서 복음이 전파되고, 하나님과 만나게 되는 것입니다.

2. 오늘날 예배가 잘못되고 있는 이유는 무엇인가?

(1) 성도들이 경외의 마음이 없이 예배에 참여하기 때문입니다.

심지어 이름 있는 음악회에도 정장을 해야 참석할 수 있고, 또 시간 전에 가서 기다려야 하고 늦으면 끝나야 들어가는데 우리가 예배에 올 때에 마음가짐이 그렇지를 못합니다. 우리가 죄 안에 거하며 살다 보니 하나님의 신성한 의식을 멸시하게 되었기 때문입니다.

(2) 하나님을 멸시하기 때문입니다.

예배를 드릴 때는 하나님을 경배하는 것 같은데 실생활에서는 하나님을 거역하는 생활을 함으로써 하나님을 멸시합니다.

(3) 예배의 목적을 잘못 인식하고 있기 때문입니다.

성도들이 교회 안에서 세상적인 만족을 찾고 있습니다. 하나님께서 원하시는 것이 아니라 자기의 원하는 것을 구하고 있기 때문에 바른 예배를 드리지 못하고 있습니다.

3. 어떻게 예배를 드려야 하나요?

먼저 하나님께 영광이 되어야 하고, 다음에는 감격적인 예배가 이루어져야 합니다.

(1) 하늘에 열린 문

먼저 "하늘에 열린 문"(계4:1)이 있다고 했는데 이것이 예배의 출발입니다.

(2) 생물들이 주의 영광과 존귀에 감사를 돌릴 때

9절에 "그 생물들이 영광과 존귀와 감사를 보좌에 앉으사 세세토록 사시는 이에게 돌릴 때에"라고 했습니다. 예배는 돌리는 것입니다. 내가 차지하는 것은 예배가 아닙니다. 무엇을 돌립니까? 영광과 존귀와 감사를 돌리는 것입니다.

(3) 자기의 면류관을 보좌 앞에 던지며(10절)

"자기의 면류관을 보좌 앞에 던지며"라고 했습니다.

면류관에는 두 가지가 있습니다. 하나는 왕이 쓰는 것이고, 다른 하나는 승리자가 쓰는 관입니다. 던진다는 말이 예의에 어긋나 보이지만 그러나 하나님 앞에 감히 더 가까이 갈 수 없기 때문에 돌리는 행위입니다.

불로 응답되는 예배

(왕상18:37~46)

1. 왜 응답이 없습니까?

(1) 우상에게 하듯 형식적인 예배는 아무리 불러도 응답이 없습니다.

본문에 나오는 갈멜산 위에서 450명의 바알 선지자들이 드린 예배는 아주 장엄했습니다. 그러나 그것은 우상에게 드리는 예배였습니다. 인본주의 예배였습니다. 그래서 응답이 없었습니다. 심지어 교회에서 드리는 예배도 인본주의적으로 드리거나 형식적으로 드릴 때에는 응답이 없습니다. 형식적인 예배는 은혜가 없고 피곤할 뿐입니다. 형식적인 예배는 변화가 없습니다. 형식적인 예배는 헌신이 없습니다.

(2) 회개가 없는 예배는 응답하지 않습니다.

시 66:18절에 "내가 내 마음에 죄악을 품으면 주께서 듣지 아니하시리라". 마음은 그릇과 같아서 비워야 채울 수가 있는데 비우지 않으면 쓰레기통처럼 쌓일 뿐입니다.

(3) 믿음이 없는 예배는 응답이 없습니다.

아벨의 제사를 하나님이 받으신 것은 믿음으로 드린 예배였기 때문입니다. 그러나 가인의 예배는 믿음으로 드린 예배가 아니었기에 응답이 없었습니다.

(4) 헌신이 없는 예배는 응답이 없습니다.

예배의 핵심은 헌신입니다. 아무리 감격이 있고, 기쁨이 있고 은혜가 되어도 헌신이 없으면 하나님의 응답을 받지 못합니다. 헌신의 특징은 세상과 짝하지를 않습니다. 약 4:4절에 "세상과 벗된 것이 하나님의 원수임을 알지 못하느뇨? 그런즉 누구든지 세상과 벗이 되고자 하는 자는 스스로 하나님과 원수가 되게 하는 것이니라."

2. 응답되는 불의 종류는?

(1) 성령의 불로 응답합니다.

본문 38절에 "여호와의 불이 내려서"라고 했습니다. 이것은 번제를 태우는 성령의 불입니다. 사도행전에 보면 더욱 분명해집니다. 2:3절에 "불의 혀같이 갈라지는 것이 저희에게 보여 각 사람 위에 임하여 있더니."

지금도 하나님이 기뻐하시는 예배를 드리면 성령의 불이 임해서 우리의 죄악된 모습들을 태우십니다. 그런데 이런 성령의 불은 기도의 불에서 시작됩니다.

(2) 말씀의 불로 응답합니다.

물론 때때로 말씀이 이슬비처럼 임할 때도 있습니다. 그러나 중요한 것은 말씀이 불로 임할 때입니다. 그때에 거듭나게 되고 새 사람이 됩니다. 렘 5:14절에 "내가 네 입에 있는 나의 말로 불이 되게 하고 이 백성으로 나무가 되게 하리니 그 불이 그들을 사르리라."

(3) 사랑의 불로 응답합니다.

내세가 중요하고, 하나님의 나라가 중요하지만 그러나 기독교는 이 땅에서의 삶을 중시합니다. 왜냐하면 "하나님이 세상을 이처럼 사랑하사 독생자를 주셨으니"(요3:16). 하나님이 창조하시고, 하나님이 사랑하는 세상이기 때문입니다. 그래서 우리는 이 땅에서의 삶을 그냥 소비하는 것이 아니고, 날마다 사랑의 불로 태우고 전달하는 것입니다. 사랑은 불처럼 모든 사람을 태웁니다.

3. 불로 응답하시는 예배가 되려면?

(1) 하나님이 불로 응답하시는 예배가 되려면?

왕상 18:30~33절에 보면 엘리야는 철저한 준비를 했습니다. 먼저 여호와의 단을 수축하고, 열두 돌을 취했으며 제물을 정성껏 준비했습니다. 무엇보다 하나님이 기뻐하시는 제물은 바로 우리 자신입니다. 롬 12:1절에 "그러므로 형제들아, 내가 하나님의 모든 자비하심으로 너희를 권하노니 너희 몸을 하나님이 기뻐하시는 거룩한 산제사로 드리라. 이는 너희의 드릴 영적 예배니라."

(2) 믿음으로 드리는 예배가 되어야 합니다.

히 11:4절에 "믿음으로 아벨은 가인보다 더 나은 제사를 하나님께 드림으로"라고 했고, 6절에는 "믿음이 없이는 기쁘시게 못하나니 하나님께 나아가는 자는 반드시 그가 계신 것과 또한 그가 자기를 찾는 자들에게 상주시는 이심을 믿어야 할지니라"고 했습니다.

(3) 헌신이 있는 예배가 되어야 합니다.

마리아가 옥합을 깨뜨리고 향유를 부었을 때 주님은 크게 칭찬했습니다. 왜냐하면 자기의 모든 재산을 주님을 위해서 바쳤기 때문입니다.

사울이 바울이 될 수 있었던 것은 행 21:13절의 말씀처럼 완전한 헌신이 있었기 때문입니다. "나는 주 예수의 이름을 위하여 결박을 받을 뿐 아니라 예루살렘에서 죽을 것도 각오하였노라".

바라바냐 예수냐?

(마27:16~26)

이 세상에 살고 있는 우리 인간은 누구나 피할 수 없는 것이 세 가지가 있습니다.

1. 인간이 피할 수 없는 것은?

(1) 죽음입니다.

"한 번 죽는 것은 사람에게 정하신 것이요"(히9:27).

(2) 심판을 피할 수 없습니다.

"그 후에 심판이 있으리니"(히9:27). 마지막 흰 보좌 앞에서 누구나 다 선악 간에 심판을 받습니다.

(3) 선택을 피할 수 없습니다.

우리는 날마다 선택의 사이에서 살고 있습니다. 가장 중요한 것은 이 생에서만 아니라 영원히 영향을 주는 종교를 선택하는 것입니다. 그러므로 금생과 내세에 까지 영향을 미칠 수 있는 교회를 선택하는 것은 정말 중요합니다.

2. 네 종류의 선택

본문에서는 네 종류의 선택을 볼 수 있습니다.

(1) 빌라도의 선택입니다.

빌라도는 다수의 의견을 선택했습니다. 소위 정치적으로 모든 것을 결정했습니다. 그는 자신의 양심의 소리에는 귀를 기울이지 않았습니다. 아내의 간곡한 권면에도 귀를 기울이지 않았습니다. 그는 결국 로마 황제에게 끌려가서 면직을 당하고 나중에는 미쳐서 지내다가 죽고 말았습니다.

그는 또한 타협으로 일관했습니다. 군중들에게 "너희는 내가 누구를 너희에게 놓아 주기를 원하느냐?" 다음에는 대제사장들과 장로들과 타협했습니다. 빌라도는 산헤드린의 수많은 증거와 고소가 다 거짓인 것을 알고 있었습니다.

(2) 대제사장들과 장로들의 선택입니다.

이들은 누구보다 성경을 잘 아는 사람들입니다. 그러나 성경대로 선택하지 않았습니다.

첫째 시기심에서 선택했습니다.

17절에 "저가 그들의 시기로 예수를 넘겨 준 줄을 앎이러라.

둘째 기득권을 유지하고 대중의 인기를 유지하려고 예수를 못 박도록 선택했습니다.

그들은 당시 예수님의 이적도 잘 알고 있었고 대중적 인기도 잘 알고 있었습니다. 그러나 그들은 그것이 싫었습니다. 무엇보다 산헤드린 공회는 예수님을 죽이기로 사전에 공모를 하고 나머지는 다 이 각본에 맞도록 모든 것을 조작하는 것을 선택했습니다.

(3) 군중들의 선택입니다.

군중들은 군중심리에서 모든 것을 선택했습니다. 옳으냐 틀렸느냐가 아니었습니다. 깊이 생각하지 않고 무지에서 선택했습니다. 심지어 "그

피를 우리와 우리 자손에게 돌릴지어다"라고까지 했습니다.

(4) 바라비의 선택입니다.

바라바는 본래 열심당원의 한 사람이었습니다. 편견과 극단적 방법을 위한 나머지 결국 살인을 하고 도적질을 하였습니다. 그 결과 십자가에 달리는 판결을 받았습니다. 바라바에게는 마지막 오른편 강도처럼 회개하는 선택만이 있었지만 그는 그런 선택을 하지 않았습니다. 적어도 일생에 한 번은 양심의 소리를 질러야 했습니다.

3. 선택의 기준을 어디에 두어야 하는가?

먼저 선택의 기준으로 두어서는 안 될 것이 세 가지 있습니다.

첫째 군중심리나 감정의 흥분 상태에서 선택하면 안 됩니다.

둘째 이해관계에서 선택하면 안 됩니다. 그래서 법관이 뇌물을 먹으면 안 됩니다.

셋째 과거 지향적으로 선택하면 안 됩니다. 그러면 시대에 뒤떨어집니다.

(1) 바른 선택의 기준은 하나님의 말씀이요 예수님이어야 합니다.

하나님의 말씀은 영원토록 변함이 없는 믿음과 행위의 저울이요 잣대이기 때문입니다. 구체적으로 어떻게 해야 합니까?

첫째로 좁은 문으로 가야 합니다. 마 7:13~14절에 "좁은 문으로 들어가라 멸망으로 인도하는 문은 크고 그 길이 넓어 그리로 들어가는 자가 많고, 생명으로 인도하는 문은 좁고 길이 협착하여 찾는 이가 적음이니라".

둘째로 자기를 부인해야 합니다. 마 16:24절에 "아무든지 나를 따라오려거든 자기를 부인하고 자기 십자가를 지고 나를 좇을 것이니라.

셋째로 제 몫에 태인 십자가를 지고 가야 합니다. 사람은 누구나 자기 몫에 태인 십자가가 있습니다. 그것은 고난의 십자가입니다. 그러나 또한 영광의 십자가입니다.

(2) 하나님 중심의 결정이어야 합니다.

예수님이 나와 같은 형편에 놓여 있으면 어떻게 결정을 할 것인가 하는 관점에서 보아야 합니다. 다른 말로 하면 신앙적인 관점에서 판단하고 결정해야 합니다. 그러면 잠깐 동안은 손해를 볼지 모르지만 후회함이 없는 결정이 될 것입니다.

하나님은 영이시니

(요4:16~26)

우리가 알아야 할 것은 하나님은 영이시니, 영으로서 대하여야 하고, 영으로서 예배드려야 한다는 아주 기본적인 것입니다.

1. 예배의 대상과 중요성

신앙에서 중요한 것은 신앙의 대상이 누구인지, 분명히 아는 것과 그를 어떻게 예배드리며 믿어야 하는 것입니다. 마 15:9절에 바리새인들과 서기관들을 향하여 주님이 꾸짖으셨습니다.

"나를 헛되이 경배하는도다."

예배는 아주 중요합니다. 왜냐하면 인간의 삶속에서 가장 거룩하고, 놀라운 것은 죄 된 인간이 거룩한 하나님을 예배하는 것입니다. 인간이 할 수 있는 최고의 일이 바로 예배이기 때문입니다. 어떻게 예배하는 것이 옳은 지를 발견할 수 있기를 바랍니다. 하나님은 지금도 진정으로 예배하는 자를 찾으십니다.

(1) 예배는 본질적인 것입니다.

무엇보다도 예배는 신앙생활에서 본질적인 것입니다. 빌립보서 3:3절에 바울은 크리스찬의 새로운 성품이 세 가지가 있다고 했습니다.

첫째는 성령으로 봉사하며.

둘째는 예수님을 자랑하는 것이요.

셋째는 육체를 신뢰하지 않는 것이라고 했습니다.

또 요한복음에 보면 참된 예배를 위해서 선행해야 할 것이 세 가지가 있습니다.

첫째는 요 3:7절, 반드시 거듭나야 합니다.

둘째는 14절 인자가 들려야 합니다. 즉 예수님의 십자가 사건 없이는 아무것도 이루어지지 않는다는 것입니다.

셋째는 본문에 보면 신령과 진정으로 예배해야 한다고 했습니다.

2. 어떻게 예배드려야 하는가?

예배란 하나님은 참으로 가치 있는 분으로 인정하여 그를 찬미하고 영화롭게 하는 것을 말합니다. 그러므로 예배에서 가장 중요한 것은 하나님의 참된 가치가 무엇인가를 대답해주는 것이 바로 예배입니다.

(1) 신령으로 예배해야 합니다.

신령이란 정관사가 있을 때와 없을 때가 다릅니다. 정관사가 있을 때에는 성령이라는 말이지만 여기에서 정관사가 없으므로 영이라는 말입니다. 물론 성령께서 우리들의 마음속에서 감동할 때에만 참된 예배가 됩니다.

이 말씀을 하게 된 배경은 당시 예배에서 장소를 중요시했기 때문입니다. 유대인들은 예루살렘이라고 하였고, 사마리아인들은 그리심 산이라고 믿었습니다. 여기서 주님이 강조한 것은 장소가 중요한 것이 아니라는 뜻입니다. 신약시대에는 주님이 오신 뒤에는 우주의 모든 곳에서 하나님의 존전으로 나아가는 문을 열어 놓으셨기에 특별한 장소가 필요한 것은 아닙니다. 중요한 것은 심령으로 예배하느냐 아니면 형식으로 예배하느냐가 중요하다는 것입니다.

오늘 날 우리는 어떻게 예배합니까? 몸으로 정한 시간, 정한 장소에서 예배를 드렸으면 예배드린 것이라고 생각합니다. 또 어떤 사람들은 의식을 중요시합니다. 이것은 잘못된 것입니다. 또 어떤 사람들은 느낌을 중요시합니다. 예배 때 뭔가 느낌이 와야 그것이 영적인 예배라고 착각하고 있습니다. 그러나 참 예배는 신령으로 드리는 예배여야 합니다.

그러면 신령으로 드리는 예배는 어떤 것입니까?

영혼이 깊은 곳으로부터 드리는 예배입니다. 삶과 존재의 가장 깊은 부분인 영적인 중심으로부터 드리는 예배여야 합니다. 신실함으로 드리는 예배를 말합니다.

그러려면 먼저 죄에 대한 자각이 있어야 합니다. 그래서 예수님은 여인에게 질문을 했습니다. 16절에 "가서 네 남편을 불러오라." 이것은 참된 생수를 주기 위한 선행조건이었던 것입니다. 주님은 여인으로 죄에 직면하도록 한 것입니다. 이때 사마리아 여인은 "내가 보니 당신은 선지자로소이다."하고 고백했습니다. 예수님을 하나님과 연결되어 있는 분이라고 생각했습니다. 그래서 죄를 깨닫고, 죄를 해결하여 진정으로 하나님을 예배하고 싶었던 것입니다.

(2) 다음으로 참된 예배는 진리로 예배해야 합니다.

이 말씀은

첫째로 진실 되게 예배드려야 한다는 것입니다. 마 15:8~9절에 "나를 헛되이 경배하는도다"고 했습니다. 예배하는 척하기만 하기 때문입니다.

둘째는 말씀을 기초로 예배를 드려야 한다는 것입니다. 요 17:17절에 '아버지의 말씀은 진리니이다.'라고 했습니다. 다시 말하면 성경의 원리에 근거해서 예배를 드려야 한다는 것입니다.

셋째로 진리로 예배를 드린다는 것은 진리이신 그리스도 중심으로 진
리이신 그리스도 안에서 예배를 드린다는 것입니다.

요즘은 예배가 쇼처럼 변질되고 있습니다. 인간의 감정중심으로 변질
되고 있습니다. 그래서 예배를 드리는 것이 아니고 예배를 보는 것입니
다.

3. 본래의 모습인 다시 생령이 되어야 합니다.

우리는 영이신 하나님과 만나기 위해서는 처음에 하나님이 인간을 만
들었을 때의 모습인 생령이 되어야 합니다. 창세기 2:7절에서 하나님께
서 인간을 흙으로 빚으신 후에 그에게 호흡을 불어 넣으셨을 때에 생령,
즉 영적 존재였다고 했습니다. 이때에는 영이신 하나님과의 교통이 잘
이루어졌습니다. 그러나 창 6:3절에 "이는 그들이 육체가 됨이라"고 했
습니다. 이때부터 인간과 하나님 사이에는 서로 교통할 수 없는 관계로
변했습니다. 우리는 먼저 생령이 되어야 합니다. 문제는 우리들은 육체
가 되어 세상 것만 바라보고 삽니다.

하나님은 영이신고로 오직 영으로만 접촉이 가능합니다. 육체로는 하
나님과의 교통이 불가능 합니다.

증거 하므로 믿는지라

(요4:27~42)

1. 참으로 성공하기를 원하는 사람에게는 기회가 중요합니다.

우리가 좀 더 성공하지 못한 것은 우리에게 주어진 기회를 바로 선용하지 못하였기 때문입니다. 전도서 3:1절에 "천하에 범사가 기한이 있고"라고 했습니다. 심지어 죄도 기회를 타서 우리를 유혹한다고 했습니다(롬7:8).

2. 개인의 영적 성장은 물론 교회 성장에도 기회가 있습니다.

교회의 성장에 기회가 있고 은혜를 받고 구원을 받는 것도 기회가 있습니다. 성경은 "보라 지금은 구원받을 만한 때요 보라 지금은 은혜의 날이로다." 그렇습니다. 심지어 회개하는 것도 기회가 있다고 했습니다. 히 12:17절에 보면 회개할 기회를 얻지 못하였느니라고 했습니다. 문제는 계 2:21절의 말씀처럼 회개할 기회를 주었으되 회개하지 않는데 있습니다. 그런데 많은 사람들은 언제나 할 수 있다고 착각합니다. 우리는 오늘 할 일을 내일로 미루지 마시기 바랍니다.

그런데 기회를 놓치는 사람들도 나름대로 핑계가 있습니다.

(1) 때를 보는 눈이 다릅니다.

우리는 하나님의 눈으로 모든 것을 보아야 합니다. 35절에 보면 사람들은 "너희가 넉 달이 지나야 추수할 때가 이르겠다 하지 아니 하느냐."

그러나 하나님의 시간표는 다릅니다. "내가 너희에게 이르노니 눈을 들어 밭을 보라. 희어져 추수하게 되었도다." 그러므로 우리는 하나님의 시간표에 맞추어서 살아야 합니다.

(2) 우선 순위를 바로 하지 못하는 것입니다.

관심사가 잘못되어 있는 것입니다. 본문에도 제자들은 육적인 양식에만 관심이 있습니다. 영혼에 대한 관심, 천국에 대한 관심은 부족했습니다.

(3) 소명감이 없습니다.

본문 34절에 보면 "나의 양식은 나를 보내신 이의 뜻을 행하며 그의 일을 온전히 이루는 이것이니라. 여기서 양식은 문자적인 뜻이 아니라 더 중요한 것, 참으로 꼭 해야 할 필수적인 것이라는 의미입니다. 하나님의 뜻을 행하는 이것이 바로 사명감입니다.

3. 우리가 해야 할 것이 무엇인가?

그것은 영적인 추수입니다. 개인적으로도 추수해야 하지만 교회적으로도 추수해야 합니다.

(1) 교회의 일은 혼자서 다 할 수 없습니다.

분업을 통해서 각 자가 자기의 분야에서 최선을 다해야 합니다.

(2) 생활의 변화인 기독교 문화 창조

복음화는 증거 하는 데서부터 시작하여 믿음으로 이르게 되고 마침내 삶의 변화로 연결되어집니다. 그러므로 마지막 관심은 생활의 변화인 기독교 문화 창조입니다.

4. 일하는 자에게 주시는 하나님의 축복은?

(1) 일꾼들에게 행한 만큼의 삯을 주실 것입니다.

샀을 주시는 분은 하나님 자신입니다. 공평하고 후히 주십니다. 그래서 흰 보좌 앞에서의 심판이 있는 것입니다.

(2) 영생에 이르는 열매와 면류관

구체적으로 말씀드리면 일꾼들에게 영생에 이르는 열매와 면류관이 준비되어 있습니다. 영생은 미래에 주시는 것이 아니라 믿고 섬기는 순간에 주시는 것입니다. 요 5:24절에 "내 말을 듣고 나 보내신 이를 믿는 자는 영생을 얻었고 심판에 이르지 아니하나니 사망에서 생명으로 옮겼느니라"고 했습니다.

(3) 주인의 즐거움에 참여할지어다

마 25:21절의 말씀처럼 "네 주인의 즐거움에 참여할지어다." 다른 일꾼들과 함께 나나님의 나라에서 기쁨에 동참하게 됩니다.

구체적으로는 섬기는 특권입니다 "네가 작은 일에 충성하였으매 내가 많은 것으로 네게 맡기리니 네 주인의 즐거움에 참예할지어다."

의심치 말고 함께 가라

(행10:9~23)

사람에게는 누구에게나 의심이란 것이 있습니다. 특별한 경우에 이 의심을 해결하려고 하는 데서 학문과 연구의 자극제가 되기도 하고 진리에 이르기도 합니다. 그러나 일반적으로 우리의 삶에 하나의 영적 암이 됩니다. 의심은 바로 죄가 되기 때문입니다. 위로는 하나님을 의심하고, 아래로는 나를 의지하는 사람들을 의심하여 믿지 못하게 하기 때문입니다.

1. 의심의 생리는 무엇인가?

의심이란 본래 사탄에게서 전염된 병입니다. 이로 인해 하와는 선악과에 대한 하나님의 뜻과 동기를 의심하게 되었고, 그것은 마침내 선악과를 따먹는 원죄가 되고 말았습니다. 이 의심으로 인해서 많은 사람들이 그리스도의 구주되심을 믿지 못하게 됩니다.

무서운 것은 인간의 지식이 의심의 모체가 된다는 점입니다. 지식이 더하면 의심도 더해집니다. 오늘의 지식과 문명의 대가로 지불해야 할 함정이기도 합니다.

그러면 왜 의심이 생깁니까?

먼저 아브라함의 경우를 살펴보겠습니다. 창세기 12장에 보면 아브라함은 애굽 사람들이 내 아내의 아름다움을 보고 나를 죽일 텐데 남매

지간이라고 속이자고 사라와 의논했습니다. 죽음에 대한 두려움 때문입니다. 다른 말로 하면 하나님의 인도하심과 보호하심을 마음으로 믿지 못하였기 때문입니다. 아브라함은 하나님께 대한 믿음이 아직도 흔들리고 있었던 것입니다.

출애굽기 4장에 보면 모세가 하나님께 자신에 대한 이스라엘 백성들의 의심을 말합니다. "그들이 나를 믿지 아니하며 내 말을 듣지 아니 하면 어떻게 합니까?" 그때에 하나님께서 함께 하심을 증명할 수 있는 지팡이를 주신 것입니다.

사사기에도 보면 기드온이란 사사가 "내가 반드시 너와 함께 하리라. 네가 미디안 사람 치기를 한 사람 치듯 하리라"고 했지만 믿지를 않았습니다. 그러면서 표징을 보여 달라고 요구했습니다. 그래서 하나님은 불을 통해서 그에게 표징을 보여주셨습니다.

구약에 나오는 많은 선지자들도 한때는 의심으로 인해서 방황하기도 하였습니다.

2. 의심을 해결하는 비결은?

요한복음 20:12절에 주님은 의심하는 도마를 향해서 "네 손가락을 이리 내밀어 내 손을 보고 네 손을 내밀어 내 옆구리에 넣어 보라. 그리하고 믿음 없는 자가 되지 말고 믿는 자가 되라." 우리가 의심을 반드시 해결해야 하는 것은 의심이 해결될 때 비로소 우리에게 믿음이 생기고, 감사하게 되고, 또 우리의 마음에 안식이 시작되기 때문입니다.

그러면 우리가 어떻게 우리의 마음속에 일어나는 의심을 해결할 수 있습니까?

(1) 적극적인 사고와 적극적인 행동을 통해서

일반적으로는 적극적인 사고와 적극적인 행동을 통해서 극복할 수 있습니다. 우리들이 배워야 할 것은 주님께서 제자들에게 하신 말씀인 "하나님을 믿으니 또 나를 믿으라"는 말씀입니다. 다시 말하면 우리들이 적극적 사고방식을 가지는 것은 하나님을 믿기 때문입니다.

(2) 하나님의 뜻을 분명히 깨달아야 합니다(삿6:36~40; 요7:17).

민수기 5:11~31절에 보면 의심의 물이란 것이 있습니다. 자기 아내가 간음을 했다고 의심이 날 때 어떻게 했느냐 하면 소제 물을 가지고 아내와 함께 제사장 앞으로 나옵니다.

이때 제사장은 여인에게 소제 물을 손에 들게 한 후에 토기에 거룩한 물을 담고, 성막 바닥의 티끌을 취하여 물에 넣고 마시게 했습니다. 이때 물을 마신 후에 나쁜 결과가 발생하지 않으면 무죄하다는 판명이 됩니다. 그러나 나쁜 결과가 생기면 그 여인은 간음죄를 지었다는 것으로 판명이 되었습니다.

이것은 두 가지 면에서 큰 효과가 있습니다. 하나는 하나님을 믿는 믿음을 넣어 준다는 것과 다른 하나는 심리학적인 방법을 통해서 불필요한 의처증을 해결해 주었다는 점입니다.

(3) 열심히 성경을 상고해야 합니다(행17:11~12).

성경을 상고하면 주님을 만나게 되고, 믿음이 생기게 됩니다.

(4) 하나님의 말씀을 믿어야 합니다(눅16:27~31).

말씀에 대한 불신은 기도의 응답을 받지 못하는 데서 옵니다. 심지어 다윗도 시편 22:2절에서 "내 하나님이여, 내가 낮에도 부르짖고 밤에도 잠잠치 아니하오나 응답지 아니 하시나이다."

우리의 과거와 현재와 미래를 동시에 보시는 하나님의 하시는 말씀을 믿어야 합니다.

3. 복된 삶을 살려면 어떻게 해야 하는가?

(1) 하나님의 지시를 받아 순종하면 됩니다(22).

왜냐하면 순종이 제사보다 낫기 때문입니다. 본문 17절에 보면 "베드로가 본 환상이 무슨 뜻인지 속으로 의심하더니." 수제자인 베드로도 의심이 있었습니다. 그런데 세 번이나 환상을 보여주시면서 이방인 고넬료를 만나서 그에게 세례를 주고 형제로서 받아들일 것을 말씀한 것입니다. 그래서 베드로는 하나님의 지시를 받아 순종했습니다.

(2) 의심치 말고 주님과 함께 가면 됩니다.

우리 자신을 보면 믿을 수가 없습니다. 우리는 전체를 보지 못하기 때문입니다. 또한 바로 보아도 그것을 성취할 능력이 없습니다. 우리가 의심치 않으려면 적어도 5대 확신을 가져야 합니다. 그것은 하나님께서는 지금도 살아 계신다는 것, 예수님께서 우리를 위하여 십자가를 지셨고 부활 승천하셨으며 재림하신다는 것, 우리를 위한 천국이 준비되어 있다는 것, 나는 죄인이었으나 예수님의 보혈로 구원함을 받았다는 것, 마지막은 주님은 지금 나와 함께 계신다는 것입니다. 이것이 바로 5대 확신입니다.

"너희가 믿음이 있고, 의심치 아니하면 이 무화과나무에게 된 이런 일만 할 뿐 아니라 이 산더러 들려 바다에 던지라 하여도 될 것"(마 21:21)이라고 주님은 말씀했습니다.

교회 내에서의 세속적 판단의 문제점

(고전4:1~5)

당시 고린도 교회의 분열은 세속적인 판단에서 비롯된 것이었다. 세상적인 기준으로 판단함으로 인해서 교회에 파당이 생기고, 분열이 생기게 되었기 때문이었다.

여기서 아무 것도 판단하지 말라는 말은 예수님께서 마태복음 7:1~5절에 기록된 '비판하지 말라'는 말과 맥을 같이 합니다. 이것은 진리와 거짓을 구별하고 선과 악을 가려내며 불의를 판별하지 말라는 뜻은 결코 아닙니다. 단지 세속적인 기준에서 교회의 일을 판단하지 말라는 뜻입니다. 따라서 교회에서의 판단은 하나님께서 가려낼 것이기 때문에 하나님의 역할을 하지 말라는 뜻입니다.

1. 교회 일꾼들의 자세는?

(1) 자신이 그리스도의 일꾼임을 잊지 말아야 한다(1절).

일꾼이란 말은 '섬기는 자', '봉사자'란 뜻입니다. 본래 이 말은 배 밑에서 노를 젓는 노예를 지칭하는 말이었다. 그러므로 인간적인 권위를 내세울 수는 없다. 오직 그리스도에게서 위임을 받고, 명령한 일을 행하는 청지기일 뿐입니다.

(2) 자신이 하나님의 비밀을 맡은 지임을 잊지 말아야 한다(1절).

여기서 비밀이란 말은 '무스테리온', 즉 영어의 mystery란 말입니다.

감추어진 신비를 뜻할 때 사용하는 말입니다. 그러나 이 신비는 감추어져 있었으나 이제는 때가 되매 선택한 자들에게 드러나게 된 것입니다.

여기서 맡은 자란 말은 '오이코노미아', 즉 관리자, 감독, 청지기란 뜻입니다. 그러면 사역자들의 사명은 무엇인가? 하나님의 비밀, 즉 구약시대에는 감추어졌으나 신약시대에 이르러 그리스도 안에서 나타난 비밀을 말하는 것입니다. 이것을 선포하는 권한과 의무를 가진 것입니다.

(3) 항상 그리스도에게 충성하는 일꾼이어야 합니다.

충성이란 말은 피스토스, 신앙은 피스티스, 서로 어원이 같은 것입니다. 다시 말하면 깊은 신앙에서 나오는 것이 충성입니다. 그러면 어떤 충성을 해야 하는가?

(가) 자발적인 충성

조만식 장로는 매일 교회를 돌며 내가 할 일이 무엇인가를 찾았다고 합니다. 바로 자발적인 충성인 것입니다. 누가, 혹은 당회장이 시켜서 하는 것은 자발적인 충성이 아닙니다. 자발적으로 할 때에는 힘든 것도 불평과 원망을 하지 않습니다.

(나) 작은 일에 충성

마 25:21, 23절을 보면 작은 일에 충성하면 큰일을 맡겨주신다고 했습니다. 다윗이 어린 시절 목동으로서 충성하였기 때문에 왕이 된 것을 기억하자. 그러므로 우리는 사람들이 비로 알아주지 않는다 해도 작은 일에 충성하자.

(다) 변함없는 충성이어야 합니다.

평안할 때 모든 일이 잘 될 때에는 충성하기가 쉽다. 그러나 환난 속에서도 충성을 해야 합니다. 많은 교인들은 감정에 따라 충성도 하고 빠지기도 합니다. 그러나 참 충성은 변함없는 충성인 것입니다.

우리는 하나님의 동역자들이요

(고전3:1~9)

　중요한 것은 '우리가 누구인가'(정체성)를 아는 것입니다. 본문에 보면 우리는 하나님의 정원(밭)이요 집(건축물)이라고 하였습니다. 밭에는 많은 씨를 뿌려서 열매를 맺어서 주의 양식을 보급하는 일을 합니다. 밭에는 길가 밭, 가시나무 밭, 돌짝 밭, 옥토 밭이 있습니다. 과연 나는 어떤 종류의 밭인가?

　또 우리를 집이라고 했습니다. 집은 주인이 쉬고, 잠자고, 사는 곳입니다. 우리가 하나님의 집이란 말은 성전이란 뜻입니다. 얼마나 영광인가?

1. 세 가지 종류의 사람들

（1）육적 욕망에 지배를 받으면

　자연인(아담에 속한 자)＝때로는 육에 속한 자라고도 표현(고전 2:14). 육적 욕망에 지배를 받으면 하나님을 기쁘게 하지 못합니다.

　（2）육신에 속한 자＝고전 3:1절. 거듭나기는 했으나 환자처럼 스스로 서지를 못합니다.

　（3）영에 속한 자 고전 2:12절. 성령으로 거듭난 자로서 성령 안에서 걷는다.

2. 육신에 속한 자의 특징은?

주님을 따르지 않고 자신의 욕망대로 산다. 젖을 먹는다. 밥(딱딱한 음식)을 먹지 않습니다. 왜냐하면 감당치 못하기 때문입니다.(고전3:2절).

이들의 특징은 어린아이들처럼 시기와 분쟁이라고 하였다(고전3:3절). 그래서 바울파, 아볼로파 하면서 나누어졌다.

3. 사역자들(목회자들)은 하나님의 종들입니다.

(1) 하나님의 도구입니다.

(2) 하나님의 선물로서만 도울 수 있습니다.

(3) 각자에 주어진 사명

각각 사역이 다르다. 어떤 사람은 씨를 뿌리고(선교사) 또 어떤 사람은 물을 준다(목회자). 이렇게 상호 보완적입니다. 그러나 자라게 하시는 분은 하나님뿐입니다. 목회자는 하나님의 눈으로 볼 때에는 똑같다. 큰 교회 목회자라고 더 위대한 것도 아니고 작은 교회의 목회자라고 낮은 것도 아닙니다. 중요한 것은 얼마나 충성하느냐에 있습니다.

(4) 목회자는 하나님의 동역자

목회자는 다 하나님의 동역자지만 신인협동론의 근거는 될 수 없습니다. 역사는 하나님의 주권사역 안에서 이루어지고 있기 때문입니다. 그런데 목회는 성도들과 함께 나누어 합니다. 따라서 성도들도 넓은 의미에서 다 하나님의 동역자임을 알아야 합니다.

그러므로 나의 욕망을 따르지 말고, 오직 주님의 뜻만을 따라 순종하고 살아야 합니다.

참으로 지혜가 있는 사람은?

(약3:13~18)

인생을 살아가는데 가장 중요한 것은 지혜를 가지는 것입니다. 성공하는 사람을 보면 지식 있는 사람이 아니라 지혜가 있는 사람입니다. 큰일을 하는 사람을 보면 지식이 많은 사람이 아니라 지혜가 있는 사람입니다. 교회의 일도 목회도 잘하는 사람은 지식이 있는 사람이 아니라 지혜가 있는 사람입니다. 그러므로 우리들에게 가장 필요한 것은 지혜입니다. 그러면 참 지혜는 무엇이며 어떻게 할 때에 참 지혜를 얻을 수 있는가를 살펴보면서 함께 은혜를 나누려고 합니다.

1. 지혜의 종류

(1) 세상의 지혜가 있습니다.

삶의 경험에서 얻어지는 것이 지혜입니다. 그래서 노인들을 보면 이 지혜가 있어요. 젊은 박사보다 못 배운 노인이지만 더 지혜가 있어요. 그것은 삶을 통해서 얻은 지혜 때문입니다. 그런데 문제는 세상의 지혜는 정욕적이고 마귀적인 지혜입니다. 이 지혜는 돈을 버는 지혜는 있지만 항상 거짓과 속임수가 있습니다. 또 세상적인 명예를 얻는 데도 아주 약삭빠릅니다. 그러나 세상적인 지혜는 참 행복을 가져다주지 못합니다. 하나님을 영화롭게 하지 못합니다. 남에게 유익을 주지 못합니다. 이것이 세상적인 지혜의 한계입니다.

왜냐하면 세상 적인 지혜는 16절에 보면 시기와 다툼이 있습니다. 요란합니다. 모든 악한 일이 있습니다. 한 마디로 사탄적입니다. 그래서 이 세상적인 지혜로는 안 됩니다.

(2) 위로부터 오는 참 지혜

그러나 이런 지혜와는 달리 '위로부터 오는 참 지혜'가 있습니다. 위로부터 오는 이 지혜는 일곱 가지의 특징이 있습니다.

첫째로 성결케 합니다. 자신은 물론 다른 사람들에게도 성결함을 줍니다.

둘째는 관용합니다. 그래서 이 지혜가 있으면 인간관계가 잘 됩니다.

셋째는 양순합니다. 잘난 척하지 않습니다.

넷째는 긍휼이 있습니다. 남을 볼 때에 그냥 보지를 않고, 불쌍히 여기는 마음으로 봅니다. 그래서 미운 사람이 없습니다.

다섯째는 선한 열매가 있습니다. 인간은 열매를 잘 맺어야 하는데 이 열매는 성령으로 말미암아 맺어지는 열매입니다.

여섯째는 편벽(한 쪽으로 기울어지는 것)과 거짓이 없습니다. 항상 중도를 취합니다.

끝으로 항상 화평케 합니다.

시험받는 4가지 이유

(약4:1~4)

우리는 다 시험 받기를 원치 않지만 시험은 누구에게나 다 옵니다. 예수님에게도 시험은 왔습니다. 시험의 원인을 분석해 보면 때로는 하나님의 영광을 나타내기 위해서 시험이 오기도 하고, 또 때로는 자고 하지 않게 하기 위해서 시험이 옵니다.

오늘은 시험 중에 싸움과 다툼이 일어나는 일반적인 시험의 이유를 살펴보면서 시험이 올 때 우리는 반드시 승리할 수 있기를 축원합니다.

1. 시험받는 4가지 이유는?

(1) 1절에 보면 '정욕으로' 인해서 시험이 옵니다.

인간의 정욕이 시험의 근본 원인이 됩니다. 본래 하나님이 본능을 주신 것은 우리의 생명을 보존하기 위해서 주신 것입니다. 그러나 본능에만 빠지면 우리는 동물처럼 타락하고 맙니다. 그러므로 예수님을 믿으면 이 정욕을 십자가에 못을 박아야 합니다.

(2) 2절에 보면 '욕심'과 '시기' 때문에 시험이 옵니다.

인간이 가진 욕심이 바로 탐욕의 원인이고, 그것이 바로 우상숭배입니다. 특히 남들이 잘되는 것을 싫어하는 시기심은 형제를 미워하고, 자매를 미워하고, 친척을 미워하게 합니다. 그러므로 우리는 시기와 질투를 버려야 합니다.

(3) 3절에 '잘못 구함'으로 인해서 시험이 옵니다.

소위 신앙적인 시험입니다. 기도하면 이루어져야 하는데 응답이 없으면 에이 기도해도 소용없구나 하고 기도생활이 형식이 되고 맙니다. 그러나 원인은 잘못된데 있습니다. 하나님의 뜻을 따라 구해야지 내 뜻대로 구해서는 안 됩니다.

(4) 4절에 '세상과 벗된 것' 때문에 시험이옵니다.

세상과 벗이 되면 우리는 하나님의 원수가 됩니다. 이것은 세상을 미워하라는 뜻은 아닙니다. 하나님께서도 "세상을 이처럼 사랑하사"라고 하지 않았습니까? 세상은 우리의 전도의 대상이요 사랑을 베푸는 대상이지만 그러나 세상의 문화에 빠져서는 안 됩니다.

2. 시험이 왔을 때에 우리는 어떻게 해야 하는가?

(1) 해결의 출발점은 깨달음에 있습니다.

왜 내게 시험이 왔는가를 기도 속에서 살펴서 그 원인을 발견하고 깨달아야 합니다. 내게 근본원인이 있다면 그것을 회개하고, 반성해야 합니다. 그러나 하나님의 연단일 경우에는 참고 견디어야 합니다.

(2) 하나님이 해결해줄 때까지 참고 견디어야 합니다.

내가 해결할 수 있는 것은 하나도 없습니다. 많은 사람들이 실패하는 이유는 내가 해결하려고 하기 때문입니다. 우리는 마치 엄마 아빠를 도와준다고 하면서 문제만 일으키는 아이와 같습니다.

시험 해결은 시간이 약입니다. 시간이 해결해준다는 말을 하는데 그것은 바로 하나님이 해결해준다는 뜻입니다. 그때까지 참고 기다려야 합니다.

(3) 시험을 이기는 절대적인 궁극적 비결

끝으로 시험을 이기는 절대적인 궁극적 비결은 '믿음과 기도의 열쇠를 사용'하는 것입니다. 이 둘은 손등과 손바닥과 같아서 서로 뗄 수 없는 관계입니다. 많은 성도들이 마치 한 달란트 받은 자처럼 이것을 땅에 묻어두고 사용하지 않습니다. 믿음은 사용하지 않으면 아무런 도움도 못됩니다. 기도도 믿음을 가지고 하지 않으면 공기만 울릴 뿐입니다. 그러므로 시험이 왔을 때에 믿음과 기도의 두 날개로 훨훨 날 수 있기를 축원합니다. 다른 사람들과 화평을 이룹니다.

그러므로 우리들은 위로부터 주시는 이 지혜를 소유해야 합니다. 세상 지혜와는 달리 위로부터 오는 참 지혜는 자신에게는 물론 하나님께 영광을 돌리고, 다른 사람들에게 유익을 줍니다. 그러므로 우리들은 하나님의 지혜, 위로부터 오는 지혜, 이런 지혜가 넘칠 수 있기를 축원합니다.

2. 위로부터 오는 지혜를 얻으려면?

문제는 위로부터 오는 지혜를 얻어야 하는데 그 비결이 무엇일까요?

(1) 여호와를 경외하는 지식

참 지혜를 얻으려면 먼저 여호와를 경외해야 합니다. 왜냐하면 '위로부터' 즉 하나님께로부터 오는 지혜이기 때문입니다. 잠언 1:8절에 "여호와를 경외하는 것이 지식의 근본이어늘"

(2) 성령 충만을 받아야 참 지혜

성령 충만함을 받아야 참 지혜가 생겨집니다. 고전 12:8절에 "어떤 이에게는 같은 성령으로 지혜의 말씀을" 주신다고 했습니다. 초대 교회 당시의 인물들을 보면 바울같이 배운 사람도 있지만 그렇지 못한 사람이 더 많았습니다. 그러나 교회의 일을 잘 했습니다. 왜냐하면 하나님의 지혜가 있었기 때문입니다. 그들은 다 성령으로 말미암아 지혜를 얻었습니다.

(3) 하나님께 기도해야 지혜를 얻게 됩니다.

왕상 3장에 보면 솔로몬이 어떻게 지혜를 얻게 되었는가의 이야기가 기록되어 있습니다. 솔로몬은 기브온에 가서 일 천 번제를 드렸다고 했습니다. 그의 정성을 보신 여호와께서 네가 내게 무엇을 구하느냐고 물었습니다. 솔로몬은 겸손하였습니다. 그는 자신은 아이와 같아서 출입할 줄도 모른다고 했습니다. 그러면서 지혜를 달라고 했습니다. 그의 기도가 너무도 마음에 합했던 하나님은 솔로몬이 구한 지혜는 물론 구하지 않은 부와 영광도 주셨습니다.

그래서 야고보서 1장 5절에서 말씀했습니다. "너희 중에 누구든지 지혜가 부족하거든 모든 사람에게 후히 주시고 꾸짖지 아니하시는 하나님께 구하라 그리하면 주시리라" 믿습니까?

맺는 말

이제 바라기는 우리가 여호와를 경외함으로 참 지혜를 얻고, 성령 충만하여 지혜의 말씀을 하게 되고, 기도하여 계속적인 지혜를 얻으면 우리는 이 땅에 살면서 하나님이 기뻐하는 귀한 많은 일을 할 수 있을 줄로 믿습니다. 성공할 줄로 믿습니다. 승리할 줄로 믿습니다. 성공과 승리의 은혜가 우리 모두에게 함께 하시기를 축원합니다.

하나님의 손길이 임할 때

(행9:23~25)

인간은 본능적으로 위험이 다가올 때 피합니다. 생각할 겨를도 없이 피합니다. 그러나 피하는 것이 좋은 경우도 있지만 나쁜 경우도 있는 것을 우리는 기억해야 합니다. 그러므로 우리는 피하라고 하는 하나님의 손길이 임할 때에는 피하는 것이 좋습니다.

1. 피신이 비겁한 것만은 아닙니다.

피신은 두 가지가 있습니다. 하나는 하나님의 뜻일 때가 있고, 다른 하나는 사람의 뜻일 때가 있습니다. 인간적으로 피할 때에는 비겁한 것이지만 하나님의 뜻일 경우에는 그것은 순종입니다.

(1) 인간적인 뜻으로 피신한 경우를 살펴보겠습니다.

먼저 아브라함이 가나안 땅에 기근이 임했을 때에 애굽으로 피난 간 것입니다. 하나님께서 아브라함에게 가나안 땅으로 가라고 했을 때 그를 굶겨 죽이기 위해서가 아니었습니다. 하나님은 가나안 땅으로 간 뒤에 그를 시험했을 뿐입니다. 기근을 통해서 아브라함의 신앙을 테스트 했습니다. 역시 그는 아직 믿음의 조상이 되기에는 준비가 되지 못하였습니다. 그래서 성경에 보면 그는 내려갔다(창12:10)고 했습니다. 그러자 아브라함에게 시험이 왔습니다. 생명의 위협을 느끼게 된 것입니다. 그래서 아브라함은 그의 아내를 누이라고 거짓말을 했습니다. 그러나 하나님은 아브라함을 버리지 않으시고, 피할 길을 주셨습니다. 바로의 집에 재앙을 내려 사라를 지켜주신 것입니다.

(2) 하나님의 뜻으로 피신한 경우를 살펴보겠습니다.

요셉의 경우가 대표적인 것입니다. 요셉이 애굽에 간 것은 본인의 뜻과는 정 반대되는 것이었습니다. 형제들에게 미움을 받아 애굽으로 팔려간 것입니다. 심지어 보디발의 아내에게 모함을 받다 감옥에 갇혔습니다. 그러나 그 고난은 하나님께서 요셉을 교육시키고, 훈련시켜서 애굽의 총리로 세워 주실 뿐 아니라 온 가족을 애굽으로 피난시켜 한 민족을 이루게 하는 계기를 만들어 주신 것입니다.

오늘 바울의 경우도 하나님께서 피하게 하신 경우입니다.

바울의 개심과 선교가 알려지면서 두려워한 유대교에서는 주님을 죽였듯이 바울을 죽이려고 공모하였습니다. 바울을 잡으려고 성문에서 밤낮으로 기다렸습니다. 그러나 그것을 알게 된 바울은 밤에 광주리를 타고 성을 탈출하게 되었습니다. 사명이 있는 사람은 때가 되기 전에는 절대로 죽지 않습니다. 하나님께서 맡기신 사명을 다 감당했을 때 하나님께서 부르시는 것입니다.

2. 피신의 원리에 대해서 말씀드리겠습니다.

인간이 피하는 존재가 된 원인을 이렇게 설명합니다. 창 4:14절에 아벨을 죽인 가인의 자손들은 다 땅에서 피하면 유리하는 자가 되리라고 했습니다. 그렇습니다. 인간은 범죄 후에 피하고, 유리하는 자가 되었습니다.

그러면 피한다는 말은 무슨 뜻입니까? 본래 피한다는 것은 죽음에 대한 두려움에서 온 보호 본능입니다. 그러나 우리는 하나님께서 피하기를 원치 않을 때에는 피하지 말고, 고통이 와도 참고 기다려야 합니다.

(1) 피해서는 안 될 곳이 있습니다.

이사야 30:3절에 "그러므로 바로의 세력이 너희의 수치가 되며 애굽의 그늘에 피함이 너희의 수욕이 될 것이라"고 했습니다. 즉 권력에 아부해서 권력의 그늘에 피하려고 해서는 안 된다는 뜻입니다.

(2) 하나님께서 피하라고 할 때 순종

의지와 고집은 다릅니다. 미련과 지혜도 다릅니다. 예수님께서 12제자들을 파송하시면서 "내가 너희를 보냄이 양을 이리 가운데 보냄과 같도다. 그러므로 너희는 뱀같이 지혜롭고 비둘기같이 순결하라"(마10:16). 왜 지혜를 뱀에 비유했을까요? 그것은 위험이 왔을 때에 가장 잘 피하는 동물이기 때문입니다. 이처럼 피하는 것은 때로는 지혜일 때가 있습니다.

3. 피신의 방법에 대하여

(1) 하나님께서 피하라고 한 것들을 피하면 됩니다.

고전 10:14절에 우상 숭배하는 일을 피하라고 했습니다. 다음에는 더러운 것을 피하라고 했습니다(벧후2:20). 딤전 6:20절에서는 망령되고, 허탄한 말과 변론을 피하라고 했습니다. 딤후 2:22절에는 정욕은 피해야 된다고 했습니다. 누가복음에서는 장차 올 진노를 피하라고 했습니다. 이처럼 피할 것이 많이 있습니다.

(2) 어디로 피해야 합니까?

잘못된 곳으로 피하는 경우가 많습니다.

다윗이 그러한 경우입니다. 삼상 21장에 보면 사울을 피하여 가드 왕 아기스에게로 피했습니다. 그러나 발각이 되었습니다. 이때 다윗은 미친 체하고 대문짝에 그적거리며 침을 수염에 흘렸다고 했습니다. 이런 망신이 어디 있습니까? 천하의 장사인 블레셋의 골리앗을 물매 돌로 물리친 다윗이 비겁해진 것입니다.

하지만 바른 피신도 많이 있습니다. 그리스도께서는 애굽으로 피신한 것이 그것입니다. 하나님의 사자의 지시에 따랐기 때문입니다.

민수기 35:6절에 살인자로 피하게 할 도피성으로 여섯 개가 지정되었습니다. 고의적 살인이 아닐 경우 살 수 있는 길을 열어 주었습니다. 이것은 하나님의 자비의 표현입니다. 이 말씀은 신약적으로 말하면 도피성이 되시는 주께 피해야 할 것을 말씀한 것입니다.

4. 피신한 후에 주시는 하나님의 축복에 대하여

이사야 32:2~4절에는 주님께 피하는 자에게 주시는 축복을 네 가지로 지적하면서 "그 사람은 광풍을 피하는 곳 폭우를 가리우는 곳 같을 것이며 마른 땅에 냇물 같을 것이며 곤비한 땅에 큰 바위 그늘 같으리니"라고 비유적으로 말씀했습니다.

구체적으로 주님께 피하는 자는

첫째로 "보는 눈이 감기지 아니할 것이요"라고 했고

둘째로 "듣는 자의 귀가 기울어질 것이며"라고 했습니다. 영적인 시력과 청력이 생긴다는 뜻입니다.

셋째는 "조급한 자의 마음이 지식을 깨닫고"라고 했고

넷째는 "어눌한 자의 혀가 민첩하여 말을 분명히 할 것이라"고 했습니다. 다시 말하면 참된 지혜가 생기고, 영적인 지식이 생겨서 무엇을 말할지 알게 된다는 말씀입니다.

그러나 우리의 참 피난처가 되신 주님께로 피하면 안식과 함께 새로운 길이 열려집니다.

가난할 때와 부할 때

(약1:9~11)

사람이 살다 보면 가난할 때도 있고 부할 때도 있습니다. 그러나 두 가지의 경우 다 위험성이 있습니다. 그래서 제일 좋은 것은 평범한 것입니다. 링컨은 왜 하나님께서 평범한 사람들을 많이 창조하셨는가? 그것은 그들이 가장 행복하기 때문이라는 말을 한 적이 있습니다. 이 시간에는 가난할 때와 부할 때에 어떻게 해야 할 것인가를 함께 살펴보면서 은혜를 나누려고 합니다.

성경에는 가난에 대한 경고도 있고 부에 대한 경고도 있습니다. 제일 좋은 것은 가난하지도 않고, 부하지도 않고 다만 필요한 것만 있는 상태가 제일이라고 했습니다. 그래서 잠언 30:7~9절에 보면 이런 기도가 나옵니다. "내가 두 가지 일을 주께 구하였사오니 나의 죽기 전에 주시옵소서. 곧 허탄과 거짓말을 내게서 멀리 하옵시며 나로 가난하게도 마옵시고, 부하게도 마옵시고 오직 필요한 양식으로 내게 먹이시옵소서. 혹 내가 배가 불러서 하나님을 모른다 하오며 혹 내가 가난하여 도적질하고 내 하나님의 이름을 욕되게 할까 두려워함이니이다." 그러나 인생은 원하는 대로 되지 않습니다. 가난하거나 부할 경우도 적지 않게 있습니다.

먼저 가난이 좋은 것인가? 나쁜 것인가? 성경의 어떤 구절을 보면 좋은 것 같고, 어떤 구절은 나쁜 것 같게 보입니다. 물론 성경에 "가난한 자는 복이 있나니 천국이 저희 것이요"라고 했다고 해서 가난을 택한 사람은 없습니다. 다만 바로 살려다가 가난해진 것뿐입니다.

그러면 우리는 어떻게 해야 할까요?

1. 두 가지 종류의 가난이 있습니다.

(1) 방탕과 게으름으로 인해 오는 가난

자신의 방탕과 게으름으로 인해서 오는 가난이 있습니다. 이것은 하나님의 심판입니다. 가난한 대부분의 사람들은 방탕이나 아니면 게으름으로 인해서 가난한 것입니다. 이런 경우는 방탕에서 떠나거나 보다 부지런해야 합니다. 그것만이 가난을 면하는 비결입니다. 오늘날은 실업자가 되는 것은 시대의 흐름을 몰라 그 시대에 필요한 지식과 기술이 없으면 금방 해고되고 직장에서 쫓겨납니다.

(2) 신앙으로 인해 당하는 가난

그러나 신앙으로 인해서 당하는 가난도 있습니다. 이것은 축복입니다. 눅 6:20에 보면 "가난한 자는 복이 있나니 하나님의 나라가 너희 것임이요." 물론 이 말씀은 가난이 자동적으로 복이라는 식의 말씀은 아닙니다. 왜냐하면 먹는 것만 바라보는 가난한 자는 복음을 도외시하기 때문에 결단코 복이 되지 않습니다. 저는 가난한 사람들 가운데 복음에 전혀 관심이 없는 많은 사람들을 보았습니다.

그러나 중국에서 볼 수 있듯이 가난하기 때문에 복음을 받아들일 마음의 문이 열린 사람들이 있습니다. 그들에게는 가난이 오히려 큰 복이 됩니다. 믿습니까? 왜냐하면 더 중요한 위의 것을 찾기 때문입니다.

2. 부자의 경우 위험한 것은 더 많습니다.

딤전 6:9~10 "부하려는 자들은 시험과 올무와 여러 가지 어리석고

해로운 정욕에 떨어지나니 곧 사람으로 침륜과 멸망에 빠지게 하는 것이라. 돈을 사랑함이 일만 악의 뿌리가 되나니 이것을 사모하는 자들이 미혹을 받아 믿음에서 떠나 많은 근심으로써 자기를 찔렀도다." 그러므로 부할수록 더 조심하고 겸손해야 합니다.

3. 본문에서 주는 교훈은 무엇인가?

(1) 성경에 나오는 가난한 자에 대한 조치

신앙적 이유로 가난해진 사람들은 첫째로 '하나님이 보호해주신다고 약속했습니다. 시 35:10절에 보면 하나님께서는 가난한 자를 강한 자에게서 건지시고, 궁핍한 자를 노략하는 자에게서 건지시는 이라고 했습니다. 그래서 성경에는 가난한 자에 대한 보호가 많이 나옵니다. 품삯을 체불하지 말라(레19:13), 소산의 십일조로 가난한 자를 구제하라(신 14:28~29), 이삭을 남겨 두라(레19:9~10), 희년에 땅을 돌려주라(레 25:35, 37)는 등등의 말씀이 있습니다.

그러므로 가난하다고 좌절하거나 낙심하지 말고 또 비겁해하지도 말기를 바랍니다. 오히려 하나님이 주신 영적인 풍성함을 통해서 기뻐하라는 것입니다. 낮은 형제는 자기의 높음을 자랑하라는 것은 영적으로 풍성함이 많은 것을 등한시하지 말라는 것입니다. 겉으로 나타난 것만 보지 말라는 것입니다.

(2) 영적인 세계를 통해 참 부를 누려야

부자들은 물질적 부가 전부가 아니고, 영적 부가 더 중요함으로 '궁극적 관심을 위의 것에 두라'는 것입니다. 왜냐하면 부란 '풀의 꽃'과 같이 다 지나가는 것이기 때문입니다. 이 말씀은 부해도 겸손하라는 말씀입니다. 그래서 마태복음 5:3절에서는 "심령이 가난한 자는 복이 있나니 천국이 저희 것임이요"라고 했습니다. 그러므로 성도들은 돈이 있든 없든 위에 계신 하나님께서 주시는 영적인 세계를 통해서 참 부를 누려야 합니다. 물질에 의존해서는 안 됩니다.

4. 우리는 어떻게 살아야 하는가?

영적으로는 가난한 마음을 가지고 살고(하나님의 은혜를 받는 비결이기 때문에), 물질적으로도 풍성하여 주의 일에 동참하는 것이 성경적 방법입니다. 중요한 것은 물질을 방편적 수단으로 생각하라는 것입니다. 물질은 아무리 많아도 인생의 목적이 될 수 없습니다. 수단일 뿐입니다. 그러므로 이 물질을 주신 분의 뜻을 이루는 데 사용되어야 할 것입니다. 다시 말하면 가난하면 가난한 대로 감사하고, 부하면 부한 대로 내 것으로 생각하지 않고 하나님의 뜻을 이루기 위해서 사는 것이 바로 성도의 자세입니다. 그런 삶이 되기를 축원합니다.

현재의 고난은

(롬8:18~20)

18절 말씀은 지난 시간에 드린 말씀의 결론입니다. 다시 말하면 "우리가 그와 함께 영광을 받기 위하여 고난도 함께 받아야 될 것이니라"는 말씀과 연결이 됩니다. 지난 시간의 말씀의 요지는 지금 우리가 당하는 고난의 보자기 속에는 영광이라는 보물이 들어 있다는 말씀입니다. 그래서 우리나라 속담에 젊어서 고생은 돈을 주고도 못 산다고 했습니다. 그러면 오늘의 말씀은 무엇입니까? "생각건대 현재의 고난은 장차 우리에게 나타날 영광과 족히 비교할 수 없도다." 우리가 당하는 고난과 영광을 비교하였습니다. 고난만큼 영광을 받는 것이 아니라 비교할 수 없을 만큼 많이 받는다는 말입니다. 사실 고난이란 영광을 담기 위한 그릇일 뿐이지 고난이 목적은 아니기 때문입니다. 목적은 영광을 주시려는 데 있습니다. 그러면 오늘 주시는 말씀을 함께 살펴보려고 합니다.

1. 성도들이 당하는 고난과 형편

먼저 성도들이 당하는 고난의 형편을 살펴보면 지금 우리 교회만 해도 고난을 당하는 분들이 참 많습니다.

(1) 물질적으로 당하는 고난

사업이 잘 안됩니다. 늘 교회에만 관심을 가지다 보니까 세상이 변하는 것도 모르고 삽니다. 그래서 시대에 뒤지게 되니 자연히 사업에 고난이 많습니다. 안 믿는 사람들의 지혜를 따라가지 못합니다.

(2) 영적으로 당하는 고난

소위 믿는다는 사람이 세상식대로 살 수도 없고 그렇다고 신앙양심대로 살려고 하니 마음대로 안 되는 데서 오는 고난이 있습니다. 두 개의 법 안에서 괴로워하는 것입니다.

(3) 건강으로 인해 당하는 고난

건강으로 인해서 고난당하는 분들이 너무도 많습니다. 질병이 왜 그렇게 많습니까? 미국이 세계에서 제일 잘 사는 나라요 앞서가는 나라인데 병이 없는 사람이 없을 정도로 고통을 당하고 있습니다.

(4) 교회에서 하나님의 영광을 위해 당하는 고난

교회에서 하나님의 영광을 위해서 잘 섬기려고 여기저기서 일을 하다 보니 남들이 하는 말에 상처를 당하고, 시기와 질투의 대상이 되기도 합니다. 사실 교회일이란 여러 사람들이 함께 일을 하는 것이기 때문에 항상 문제가 있습니다. 그런 것 때문에 고통을 당합니다.

2. 고난을 통해 얻어지는 영광

그러나 중요한 것은 이 고난이 "장차 우리에게 나타날 영광과 족히 비교할 수 없도다."고 했습니다. 비교가 안 된다는 것입니다. 성경에서 가장 많은 고난을 받은 상징적 인물인 욥의 경우도 보면 나중에 갑절의 은혜를 받았습니다. 그러나 그것은 이 땅에서 받는 것만을 말해서 그렇습니다. 하나님 나라에서 받는 것까지 합친다면 비교를 할 수가 없습니다. 솔직히 욥이 인간적으로 말하면 뭐 배운 게 있습니까? 사회적 봉사를 한 것이 있습니까? 뭐 높은 자리에 올라갔습니까? 그러나 그는 지금 성경 가운데서도 항상 우리의 귀감이 되고 입에 오르내리는 인물이 된 것은 그가 고난을 통해서 영광을 얻게 되었기 때문입니다. 요셉의 경우도 그렇습니다.

인간에게는 비교라는 이상한 습성이 있습니다. 또 사탄 마귀는 이 비교의식을 통해서 우리들을 유혹합니다. 그러나 고난과 영광을 비교해볼 때에 비교가 되지 않는다는 것입니다. 믿습니까?

3. 인간의 타락으로 인해 받는 저주

19절에는 인간의 타락으로 인해 함께 저주를 받게 된 자연계가 지금 하나님의 아들들의 나타남을 기다린다는 것입니다. 우리 성도들의 나타남을 기다린다는 것입니다. 여러분, 우리가 거듭나고, 우리가 의로워지는 것이 심지어 자연계의 회복과도 연결된다는 것을 기억하시기 바랍니다. 만물의 영장인 인간이 타락하게 되었을 때에 죄 없는 자연까지 굴복케 되었습니다.

왜 자연에게까지 하나님은 고난을 주시고, 고통을 주시는 것일까요?

(1) 죄를 깨닫게 하시려고

사람들을 사랑하셔서 그런 자연의 모습들을 통하여 우리의 죄가 무엇인지를 '깨닫게 하시려고' 그런 것입니다.

(2) 회개하게 하시려고

우리도 회개하지 않으면 그렇게 불타버린다는 것을 보여주기 위해서입니다. 그러므로 우리는 때가 왔을 때에 회개합니다. 현재의 고난은 하나님의 훈련일수도 있지만 우리의 죄 때문일 수도 있기 때문에 우리는 하나님 앞에서 기도하고 회개하여 참 기쁨을 누리실 수 있기를 축원합니다.

육신을 좇는 자와 영을 좇는 자

(롬8:5~8)

이 세상에는 세 가지 종류의 사람들이 살고 있습니다. 첫째는 인간의 본성 그대로 사는 자연인이 있고, 둘째는 믿기는 하지만 아직도 옛 사람의 본성을 버리지 못하고 육신을 좇아 사는 사람이 있습니다. 끝으로 영을 좇아 사는 사람이 있습니다. 육신을 좇는 자란 말은 타락하고 부패한 인간의 본성을 좇는 자란 뜻이고, 영을 좇는 자란 말은 성령의 인도함을 받는 자를 의미합니다.

1. 육신을 좇는 자의 특징은?

(1) 자기중심적

자기중심적인 생각을 합니다(5절). 교회 일을 해도 자기중심적으로 합니다. 무엇이든지 자기중심적으로 합니다. 이런 사람들이 많은 교회가 항상 문제를 일으킵니다.

(2) 하나님과 원수가 됩니다(7절 상).

첫째로 하나님의 법에 굴복치 아니합니다(7절 하).

둘째는 할 수도 없습니다(7절 하). 하나님과 어떤 관계도 맺을 수 없습니다. 또 하나님께서 우리를 위해서 예비하신 구원을 받기를 거부하기 때문에 아무것도 할 수 없습니다. 이처럼 자연인은 전적으로 부패된 것입니다.

(3) 하나님을 기쁘시게 하지 못합니다(8절).

왜냐하면 요일 2:16절의 말씀처럼 "육신의 정욕(하나님을 대적하고 자기 만족을 추구하는 것)과 안목의 정욕(성적 욕망과 물질적 욕망)과 이생의 자랑 (세상에서의 명성과 허세)"에 매여 있기 때문입니다.

(4) 육신을 좇는 자의 결과

육신을 좇는 자의 결과는 사망입니다. 하나님과의 단절을 의미합니다. 처음에는 영적으로 단절되고 나중에는 영원히 단절(지옥)됩니다.

2. 영을 좇는 자의 특징은?

(1) 성령 안에서 산다

영의 일을 생각합니다. 이것은 영의 일만을 생각하고 세상일이나 가정 일은 전혀 생각지 않는다는 뜻이 결코 아닙니다. 영의 세계에 대한 관심을 가지고, 성령이 원하시는 목표를 두고, 성령 안에서 산다는 뜻입니다.

(2) 영을 좇는 자는 결과적으로 '생명과 평안이니라'.

여기서 말하는 생명은 단순히 육신의 생명을 의미하는 것은 아닙니다. 하나님께서 주시는 영원한 생명을 의미합니다.

3. 성령을 좇아 사는 사람이 되려면?

(1) 먼저 거듭나야 합니다.

요 3:5절, "사람이 물과 성령으로 거듭나지 아니하면 하나님 나라에 들어 갈 수 없느니라."

(2) 영과 육이 서로 대립되고, 갈등이 생길 때 성령이 승리할 수 있도록 도와주어야 합니다.

그 비결은 성령의 역사가 소멸되지 않도록 성령의 불이 꺼지지 않도록 불을 끄지 말아야 합니다. 다음에는 말씀의 장작을 계속해서 지펴야 합니다. 끝으로 기도의 불이 활활 타야 합니다.

(3) 옛 사람이 죽고 그리스도 안에서의 새 사람이 살아나야

날마다 옛 사람이 죽고 그리스도 안에서의 새 사람이 살아나야 합니다. "날마다 내가 죽노라"는 바울의 간증을 할 수 있어야 합니다. "나를 따르는 자는 자기를 부인하고, 십자가를 지고, 나를 좇을 것이니라"는 말씀대로 살아야 합니다.

오늘 저녁에 우리는 믿는다고 하면서 육신을 좇던 생활에서 변화되어 영을 좇는 삶이 되는 역사가 나타나기를 축원합니다.

접붙임의 교훈

(롬11:19~24)

바울 사도는 감람나무의 비유를 통해서 유대인들과 이방인들의 관계를 설명하는 가운데 특별히 접붙임의 말씀을 하고 있습니다. 여기서 바울이 경고하는 것은 참 감람나무인 유대인들도 열매를 맺지 못했을 때에 하나님이 꺾으셨다면 이방인들은 두 말할 필요도 없다는 것입니다. 그러므로 교만하지 말 것을 말씀했습니다. 자기만족에 빠지지 말고 두려워해야 할 것을 말씀했습니다. 오늘 저녁에는 접붙임을 중심으로 함께 은혜를 나누려고 합니다.

저는 시골에 살면서 몇 번 감나무의 접붙임을 해본 경험이 있습니다. 요즈음에는 식물배양의 기술이 다양해지고 풍부해졌기 때문에 옛날과 달라졌습니다만 옛날에는 좋은 감나무는 그냥 심어서 되지 않고, 반드시 접붙임을 통해서만 했습니다. 그렇지 않으면 고염이 됩니다. 접붙임은 뿌리가 튼튼한 고염나무의 뿌리에 좋은 감나무의 줄기를 접붙여서 만듭니다.

나무를 서로 비스듬히 베어서 실로 꽁꽁 묶고, 그 위에 흙을 발라 진액이 마르지 않게 하면 얼마 지나면 접붙임이 됩니다. 오늘은 우리가 주님과 접붙임을 하는 자가 될 때에 주시는 축복을 중심으로 함께 은혜를 나누려고 합니다.

1. 참 포도나무

무엇보다도 우리는 참 포도나무 되신 예수님에게 접붙임을 받아야 합니다. 본래는 유대인들이 주님과 접붙임을 받았습니다. 그러나 유대인들이 버림을 받은 후에 우리 이방인들이 그 자리에 접붙임을 받게 되었습니다. 왜 선민인 유대인들을 잘랐습니까? 하나님께서 포도원을 만드셨을 때에 망대도 짓고, 좋은 종류의 나무도 심고, 거름도 주고 잘 돌보았습니다. 그러나 그들은 돌포도를 맺고 말았습니다. 그래서 하나님은 그들에게서 촛대를 옮기신 것입니다. 우리가 주님께 접붙임을 받은 것은 하나님의 은혜일뿐입니다. 그러나 우리들이 접붙임을 받지 않고 사양하면 돌감람나무가 되어 귀한 열매를 맺을 수가 없습니다. 요 15장의 포도나무 비유도 바로 이 진리를 말씀하고 있습니다.

다시 말하면 우리 그대로는 아무런 열매를 맺을 수도 없고, 있다 해도 다 죄악의 열매요, 돌감람나무 열매입니다. 하나님이 필요로 하는 그런 열매가 아닙니다. 참 포도의 열매입니다. 그러면 과연 우리는 어디에 접붙여 있습니까? 가시나무입니까? 가시만 열릴 것입니다. 돌감람나무입니까? 돌감람나무의 열매만 맺을 것입니다. 열매로 그 나무를 안다고 했는데 지금 우리는 어떤 열매를 맺고 있습니까? 솔직하게 하나님 앞에서 검토하시기를 바랍니다. 핑계만 댄다고 되는 것이 아닙니다. 중요한 것은 무엇에 우리들이 접붙여 있느냐는 것입니다. 그러므로 우리는 세상에 접붙여 있으면 안 됩니다. 물질에 접붙여 있어도 안 됩니다. 오직 모든 것의 뿌리가 되는 주님께 접붙여 있어야 우리는 하나님이 기뻐하는 열매, 많은 사람들에게 유익을 주는 열매를 맺을 수 있을 줄로 믿습니다.

2. 접붙임

접붙임은 믿음으로 되기 때문에 결코 교만하지 말아야 합니다.(20절). "저희는 믿지 아니하므로 꺾이고, 너는 믿으므로 섰느니라. 높은 마음을 품지 말고 도리어 두려워하라." 그런데 지금의 내가 된 것이 나의 공로요 나의 노력의 결과로 알고 교만할 때가 너무도 많습니다. 그러나 성경은 높은 마음을 품지 말고, 도리어 두려워하라고 했습니다. 선 자는 넘어질까 조심하라고 했습니다. 누가 교만한 자입니까? 기도하지 않는 사람이 교만한 사람입니다. 말씀을 보지 않는 자가 교만한 자입니다.

3. 접붙임을 받은 자의 사명

접붙임을 받은 자들은 다시는 떨어져 나가지 말아야 합니다.

우리는 자신의 뿌리를 분명히 알아야 합니다. 우리는 주님께 뿌리를 박고 있습니다. 여기서 떨어지면 우리는 그 날로 꺾인 꽃처럼 살아 있는 것 같으나 실상은 죽은 것이 되고 맙니다. 이제 말라버리는 것은 시간문제입니다. 그러므로 절대로 뿌리 되신 주님에게서 떨어지지 말아야 합니다. 내가 열매를 맺는 것이 아닙니다. 주님께 붙어만 있으면 열매는 저절로 맺혀지는 것입니다. 그러므로 우리가 할 것은 열매를 맺는 것이 아닙니다. 주님에게 붙어만 있으면 됩니다. 그러면 주님이 가는 대로 가고, 주님이 서는 대로 서고, 그저 주님에게 접붙여 있으면 우리의 할 일은 끝납니다.

이것은 주님만을 의지하는 절대의존의 신앙을 말씀한 것입니다. 그러면 우리들은 유대인들이 범한 그런 큰 잘못을 범하지 않을 줄로 믿습니다. 겸손만이 하나님의 은혜를 계속해서 받는 비결이 될 것입니다. 그러므로 오늘 저녁에도 하나님께 부르짖는 시간이 되시기를 축원합니다.

하나님의 일꾼

(고전3:1~9)

1. 하나님의 일꾼은 성도가 감당할 수 없는 것을 하지 않습니다.

바울은 고전 3:2절에서 이렇게 말합니다.

"내가 너희를 젖으로 먹이고, 밥으로 아니 하였노니 이는 너희가 감당치 못하였음이거니와 지금도 못하리라."

2. 육신에 속한 자의 특징은 무엇인가?

3:3절을 보겠습니다. "너희가 아직도 육신에 속한 자로다. 너희 가운데 시기와 분쟁이 있으니 어찌 육신에 속하여 사람을 따라 행함이 아니리요" 육신에 속한 사람은 시기와 분쟁을 한다는 것입니다.

3. Team Ministry의 필요성

(1) 역할이 다르다.

"각각 주신대로 너희로 하여금 믿게 한 사역자들이니라"(5절 하).

바울＝심는 사람("나는 심었고").

아볼로＝물을 주는 사람("아볼로는 물을 주었으되"), 그러면 누가 더 위인가? "심는 이와 물주는 이가 일반이나"(3:8절 상).

하나님＝자라게 하시는 분("오직 하나님은 자라나게 하셨나니")

따라서 가장 중요한 것은 주권자이신 하나님이라는 점입니다. "오직 자라나게 하시는 하나님뿐이니라"

(2) 차이점은 "각각 자기의 일하는 대로 자기상을 받으리라"(3:8 하).

4. 우리는 누구인가?

그러면 우리는 누구인가? "우리는 '하나님의 동역자들'이요 너희는 '하나님의 밭'이요 '하나님의 집'이니라.

1) 하나님의 동역자라는 말은 영광입니다. 큰 상급이 있을 것이라는 뜻입니다.

2) 하나님의 밭이란 말은 우리를 통해서 열매를 맺게 하고, 바울이 심고, 아볼로가 물을 주고, 하나님이 자라게 한 터라는 뜻입니다.

3) 하나님의 집이란 말은 하나님이 거하는 성전이란 뜻입니다. 주님이 피 값으로 산 집이란 뜻입니다. 중요한 것은 우리를 통해서 하나님께서 영광을 받으시고, 세상에 그의 뜻을 전달하는 산 기관이란 뜻입니다.

저는 이 말씀 한 마디만으로도 감사하고 이 말씀 한 마디만으로도 영광이 됩니다. 살아갈 비전과 꿈이 있습니다. 살 가치가 있습니다. 여러분들에게도 이 말씀이 위로가 되고 힘이 되기를 축원합니다.

신령한 자는

(고전2:6~16)

1. 사람의 종류

사람을 분류하는 방법은 여러 가지입니다. 인종에 따라 구분할 수도 있고, 나라에 따라 구분할 수도 있습니다. 성별로 남녀로 나눌 수도 있습니다. 그러나 영적으로 사람들을 나눌 수 있습니다. C.C.C의 교재에 보면 사람의 종류를 3으로 구분하였습니다.

(1) 자연인

자연인 = 태어난 대로의 사람을 말하는데 이 자연인은 아담의 죄성을 그대로 간직한 사람을 말합니다. 따라서 불신자를 말합니다. 어떤 분은 자기는 태 안에서부터 믿었다고 말합니다. 부모가 신자였다는 뜻입니다. 그러나 세상에는 태어나기 전부터 믿은 사람은 아무도 없습니다. 물론 장로교에서는 유아세례를 주는데 그것은 그 아이가 믿기 때문이 아니라 구약에 나오는 언약 사상에 기초를 두고 주는 것입니다. 아브라함이 믿고 할례를 받을 때에 온 가족이 다 받은 것처럼 믿는 부모와의 언약에 기초해서 믿음으로 키우겠다는 약속 안에서 세례를 주는 것입니다. 그러므로 자연인 그대로는 다 불신자입니다.

(2) 육에 속한 사람

14절 = "'육에 속한 사람은' 하나님의 성령의 일을 받지 아니하나니 저회에게는 미련하게 보임이요, 또 깨닫지도 못하나니 이런 일은 영적으로라야 분변함이니라." 육에 속한 사람이란 소위 기독교인이기는 하지만 내적으로는 믿음이 없거나 병들어서 성령의 인도함을 받지 않고, 육의 인도함을 받는 사람들을 말합니다. 의외로 육에 속한 교인들이 많습니다. 결과적으로는 자연인과 육에 속한 사람은 같은 경우가 많습니다.

그러나 3장 1절에 보면 "육신에 속한 자 곧 그리스도 안에서 어린아이들을 대함과 같이 하노라"는 말씀을 보면 믿기는 하지만 아직 아이들처럼 분별력이 없고, 남들의 말에 좌우되는 믿음이 연약한 자를 의미할 때도 있습니다. 이렇게 육신에 속한 자라는 말은 두 가지의 뜻이 있습니다. 하나는 3:1절의 경우처럼 믿기 는 하지만 믿음이 약한 자나 2:14절 의 말씀처럼 불신자를 의미하기도 합니다.

(3) 신령한 자

15절="'신령한 자는' 모든 것을 판단하나 자기는 아무에게도 판단을 받지 아니하느니라." 믿을 뿐만 아니라 성령의 인도함을 받는 사람들을 말합니다. 우리는 바로 이런 신령한 자가 되어야 합니다.

2. 신령한 자의 특징은?

첫째로 신령한 자는 하나님과 영의 세계를 알고 하나님의 영을 소유한 사람입니다. 신령한 자는 하나님의 깊은 것을 안다고 했습니다. 하나님의 깊은 것이 무엇입니까? 하나님의 깊은 것이란 하나님의 깊으신 경륜을 말합니다. 이것은 인간의 지혜로는 이해할 수 없는 것입니다. 오직 성령에 속한 사람만이 알 수 있습니다.

둘째는 신령한 자는 하나님의 지혜를 가지고 있습니다. 하나님의 지혜는 인간이 보기에 너무 미련해 보입니다. 도무지 매력이 없습니다. 그러나 세월이 오래 지난 다음에 보면 모든 것이 옳은 것을 발견하게 됩니다.

셋째는 구원과 영광으로 인도합니다. 우리에게 가장 중요한 것이 무엇입니까? 구원과 영광입니다. 이 구원과 영광은 신령한 자에게만 주어지는 선물이요 축복입니다. 이 구원과 영광은 현세뿐 아니라 내세에도 필요한 것입니다.

3. 신령한 자가 되려면?

먼저 거듭나야 합니다. 어떻게 거듭납니까? 물과 성령으로 거듭나야 합니다. 말씀으로 거듭나고 성령의 씻음으로 거듭나야 합니다.

다음은 성령의 인도함을 받아야 합니다. 다윗처럼 성령의 인도함을 받는 사람도 때로는 사탄의 소리에 유혹을 받는 경우도 있었습니다. 따라서 성령의 인도함을 받으려면 묵상기도에 힘써야 합니다. 통성 기도는 회개할 때 필요하지만 주님의 음성을 듣는 데는 장애가 될 때도 있습니다. 감정에 젖으면 세미한 주님의 음성이 들리지 않기 때문입니다.

끝으로 중요한 것은 항상 주님의 일, 하나님의 영광, 교회 중심의 생각을 가져야 합니다. 그래야 신령한 자가 되고, 신령한 세계 속에서 살 수 있습니다.

바울의 영적 아버지로서의 권면

(고전4:14~21)

세상에서는 아무리 귀한 것이 많아도 아버지의 사랑보다 귀한 것은 없습니다. 팔십 먹은 노인이 육십 먹은 아들을 보고 차 조심하라고 하는 것은 부모보다 자식에 대한 관심이 더 많은 사람은 없기 때문입니다.

바울은 교회 분열의 부당성을 4:13절까지 논의하였습니다.

그리고 난 후에 여기서는 고린도 교회의 개척자로서("복음으로써 너희를 낳았음이라"), 목회자로서, 그리스도안에서 사랑으로 하나 될 것을 권면하고 있습니다.

사람들은 권면하면 그것을 자기에게 창피를 준 것으로 생각하여 속으로 꿍하고 있습니다. 그래서 바울은 "너희를 부끄럽게 하려고 이것을 쓰는 것이 아니라"고 하였습니다. 그러면 바울의 권면은 무엇인가?

1. 16절, "나를 본받는 자 되라".

본받는다는 말은 글씨를 배울 때 점을 찍어서 모형을 만들어 그것을 그려 글씨의 체를 배우게 하는 것을 말합니다. 이런 일은 일반선생들은 하지 않고 오직 스승, 즉 아버지처럼 가까운 관계를 가진 선생만이 하는 일입니다.

바울의 무엇을 본받아야 하는가?

2. 구체적으로 바울은 자신을 본받게 하기 위해서 디모데를 보냈습니다.

바울과 디모데의 관계는 복음으로 영적 아버지요, 또 선생님이었다. 디모데는 유대인 어머니와 헬라인 아버지의 사이에 태어난 혼혈아였습니다. 그러나 외조모인 로이스와 어머니 유니게를 통하여 바른 신앙을 전수 받았습니다. 그는 충실한 일꾼이 되어서 바울의 충실한 동역자가 되었습니다.

우리는 바울처럼 본받으라고 말할 수 있기를 바랍니다. 특별히 우리의 자녀들을 디모데처럼 본으로 내놓을 수 있을 만큼 키울 수 있기를 축원합니다.

3. 하나님 나라의 성격을 가르쳐주는 데 있습니다(20절).

(1) 말에 있지 않다.

말씀에 있지 않다는 뜻은 아닙니다. 인간의 말에 있는 것이 아니라는 뜻입니다. 입으로만 하는 말에 있는 것이 아니란 뜻입니다.

(2) 오직 능력에 있습니다. 다시 말하면 성령의 능력이 나타날 때 이루어집니다.

4. 바울의 두 가지 제시

21절에서 바울은 "너희가 무엇을 원하느냐?"고 질문합니다. 이것은 어떤 방법으로 고침받기를 원하느냐는 뜻입니다.

(1) 사랑의 매

여기서 매란 말은 '라브도스', 즉 여행자들이 가지고 다니는 지팡이를 말합니다. 다시 말하면 훈계를 위해서 사용되는 채찍을 말합니다.

(2) 사랑과 온유한 마음

그러므로 우리는 하나님의 축복을 받으며 순종합시다. 매 맞고 난 후에 순종하는 것은 참으로 어리석은 일입니다. 그러나 많은 사람들은 매를 맞아야 비로소 정신을 차리고 순종합니다.

고린도 성도들의 교만과 바울의 겸손

(고전4:6~13)

이 땅에서 최종적 판단자는 오직 하나님뿐입니다. 그러나 사람들은 자신을 표준으로 삼고 모든 것을 판단하려고 합니다. 그것은 바리새파와 같이 자기만 의롭다고 생각하는 교만과 같은 것입니다. 교만은 여러 가지가 있습니다. 지적 교만, 물질적 교만, 권력에 대한 교만, 자기가 잘났다는 인간적 교만 등. 그러나 가장 무서운 것은 영적 교만입니다.

1. 영적 교만(6~8)

4:5절에 보면 "주께서 오시기까지 아무 것도 판단치 말라"고 했습니다. 문제는 "기록한 말씀 밖에 넘어가지 말아야"하는데 그렇지 않았다는 것입니다. 우리는 말씀중심으로 살아야 합니다. 바울이 말씀 밖에 넘어가지 말기를 바란 것은 "교만한 마음을 먹지 말게 하려 함이라"(6절).

바울은 고린도 교인들에게 "누가 너를 구별하였느뇨?"하고 물었다. 왜냐하면 우리가 교만해하는 것은 비교에서 오는데 우리가 가진 것은 따지고 보면 다 받은 것입니다. 결코 인간의 지식, 노력, 능력이 우리를 구별케 하는 것은 아닙니다. 그러므로 우리는 감사를 할뿐 교만해서는 안 됩니다.

그러나 고린도 교인들은 8절에 보면 "이미 배부르며, 이미 부요하며", 즉 하나님이 주신 것인데 교만하였던 것입니다.

2. 사도들이 보인 겸손의 모범

모든 것은 다 하나님의 은혜의 선물입니다. 이것을 모르기 때문에 교만한 것입니다. 고린도 교인들과 대조적으로 사도들은 '미말에서 고생'하였고, '세상의 구경거리가 되었습니다.' 그들은 육체적으로 고난을 당했습니다. 주림, 목마름, 헐벗음, 매 맞음, 정처 없음(무주택). 또 정신적으로도 고난을 당했습니다. 수고, 친히 손으로 일함, 후욕, 핍박, 비방받음.

바울은 자랑하기 위해서가 아니라 고린도 교인들에게 모범을 보이기 위해서 교만치 않게 하려고 말한 것입니다. 얼마나 겸손한 바울인가? 바로 이런 겸손을 우리는 배워야 합니다.

겸손은 하나님의 모든 축복을 담는 보석상자입니다. 이것이 깨어지면 하나님께서 아무리 많은 것을 주어도 다 새고 만다.

3. 우리의 교만은 무엇인가?

기도 안 하는 것입니다. 말씀을 가까이 하지 않는 것입니다. 남을 비판하는 것입니다. 교회 중심이 아니라 나 중심으로 사는 것입니다. 하나님께 감사치 않는 것입니다. 하나님께 의뢰하지 않는 것입니다. 그러므로 우리도 교만하지 말고 바울이 보여준 모범대로 겸손한 삶을 살자. 왜냐하면 겸손한 자에게 하나님은 많은 것을 맡기시고, 겸손한 자에게 은혜를 주시기 때문입니다.

새 언약

(히8:7~9)

구약 시대의 성도들은 옛 언약 속에서 살았습니다. 그러나 우리들은 새 언약 안에서 사는 축복을 받았습니다. 8절에 보면 "새 언약을 세우리라"고 약속했고, 그것은 마침내 예수님을 통해서 성취되었습니다.

1. 새 언약의 특성은 무엇인가?

(1) 새 언약은 영적인 것

9절의 말씀처럼 옛 언약과 "같지 아니하도다."고 했습니다. 옛날의 언약은 율법의 틀 속에 있기 때문에 아주 복잡합니다. 의식이 많습니다. 그러나 새 언약은 영적인 것이기 때문에 옛 언약과는 전혀 다릅니다.

(2) 무조건적 은혜

무조건적 이라는 점입니다. 구원도 무조건적으로 이루어주시고, 축복도 무조건적으로 이루어주시고, 모든 것이 다 무조건적입니다. 이것을 다른 말로 말하면 은혜로 주신다는 말입니다.

(3) 다른 이로서는 구원을 얻을 수 없음

예수 그리스도를 통해서 주신다는 것입니다. "다른 이로서는 구원을 얻을 수 없나니 천하에 구원을 얻을만한 다른 이름을 우리에게 주신 일이 없음이니라."

(4) 믿기만 하면 주심

선함이 없고, 행함이 없이도 믿기만 하면 주신다는 것입니다. 믿으면 하겠네.

2. 새 언약의 성도들이 해야 할 일은?

(1) 주님의 언약 안에만 머물러 있어야

주님의 언약 안에 머물러 있어야 합니다. 그 언약 밖에 나가면 주님께서 돌보아 주시지 않습니다. 미국의 시민권을 가진 사람은 미국 안에 있을 때에는 법이 보호해주지만 다른 나라에 갈 때에는 그 나라의 법에 의해서 처벌될 수도 있습니다. 지켜줄 수가 없는 것입니다. 영적인 세계도 마찬가지입니다.

(2) 오직 믿음으로만

언약 안에 머물러 있는 것은 오직 믿음으로만 알 수 있습니다. 그러므로 중요한 것은 산 믿음, 행함이 있는 믿음이 있어야 합니다.

(3) 주님과 동행하는 삶

주님과 동행하는 삶을 살아야 합니다. 에녹은 특별히 한 일이 없지만 그러나 그가 성경에서 높이 평가되는 것은 하나님과 동행하였기 때문입니다. 우리도 이 땅에 살면서 하나님과 동행하면 하나님께서 우리들을 돌보아 주시고, 함께 하시고, 열매 맺게 하여 주실 줄로 믿으시기 바랍니다.

3. 새 언약의 백성들에게 주시는 주님의 축복은?

(1) 구원의 언약

첫째는 구원입니다. 언약의 백성들에게 주시는 최고의 축복은 바로 구원입니다. 죄에서 구원하시고, 악에서 구원하시고, 시험에서 구원하여 주십니다.

(2) 돌보아 주심

둘째는 돌보아 주시는 것입니다. 어떻게 돌보아 주십니까? 눈동자처럼, 혹은 암탉이 병아리를 날개 아래 품음같이 돌보아 주십니다.

(3) 천국까지 인도

셋째는 천국까지 인도하여 주십니다. 우리를 시온의 대로로 인도하여 주십니다. 천국까지 인도하여 주십니다.

(4) 천국에서 영생 복락을 누리게 하여 주십니다.

그러므로 오늘 우리는 새 언약의 백성된 것을 감사하면서 그 언약 속에서 충성하며 사는 우리들이 다 될 수 있기를 축원합니다.

누가 정죄하리요?

(롬8:31~34)

신앙생활에서 우리의 대적이 되는 사탄의 전술전략을 이해하면 우리는 보다 쉽게 신앙생활을 할 수가 있습니다. 오늘은 사탄의 전술전략을 알고 바른 신앙생활을 할 수 있는 비결을 살펴보면서 함께 은혜 받기를 바랍니다.

1. 사탄의 세 가지 공격방법

(1) 먼저 사탄은 우리를 송사하는 일을 합니다.

재판하는 일을 해보신 분들은 가능하면 재판을 안 하려고 합니다. 제 처남이 서울지방법원과 고등법원의 판사로 있다가 지금은 제일 합동변호사실에서 변호사로 일하고 있습니다. 재판에 지는 경우는 거의 보지를 못했습니다. 질 것은 아예, 처음부터 질 터이니 쓸데없이 돈쓰지 말고 서로 타협하시오 하고 말합니다. 그런데 한 번은 제가 너무 억울한 일을 당해서 재판을 하려고 부탁을 했더니 재판은 안 하는 것이 이기는 것이라고 하면서 손해 좀 보고 그만두라고 해서 처음에는 얼마나 섭섭했는지 모릅니다. 그러나 재판을 아는 사람은 그 재판과정에 양쪽 편이 다 진다는 것을 알고 있습니다.

그런데 오늘 본문에 보면 "누가 능히 하나님의 택하신 자들을 송사하리요?"라고 말합니다(33절). 아무도 우리 성도들을 송사하지 못한다는 말입니다. 이 반어적 질문법은 이미 하나님께서 우리 성도와 함께 하심을 확신하는 표현입니다. 그러므로 하나님 앞에 설 때에 내가 어떻게 해야 하는가 하고 염려할 필요가 없습니다.

(2) 사탄이 하는 두 번째 일은 우리를 정죄 하는 일입니다.

성경은 말합니다. "누가 정죄하리요?"(34절). 아무도 우리를 정죄할 수 없습니다. 본문 1절과 2절에서 "그러므로 이제 그리스도 예수 안에 있는 자들에게는 결코 정죄함이 없나니 이는 그리스도 예수 안에 있는 생명의 성령의 법이 죄와 사망의 법에서 너를 해방하였음이라." 우리를 송사할 수도 없고, 우리를 정죄를 할 수도 없다고 했습니다. 할렐루야.

그런데 사탄은 마치 자기가 우리들을 정죄를 할 수 있는 것처럼 괴롭힙니다. 그러나 세상에 어느 누구도 아무것도 우리를 정죄할 수 없습니다.

(3) 사탄의 세 번째 전술은 우리를 하나님과의 관계에서 끊는 것

사탄이 하는 세 번째 전술은 우리를 하나님과의 관계에서 끊는 일입니다. 그러나 성경은 "누가 우리를 하나님의 사랑에서 끊으리요."라고 말합니다. 아무도 우리를 하나님과의 관계에서 끊을 수 없습니다. 좀 더 자세한 것은 다음에 말씀드리기로 하고, 중요한 것은 우리의 결심, 우리의 노력 같으면 금방 끊을 수 있습니다. 그러나 주님이 맺어준 십자가로 말미암은 끈은 아무도 끊을 수가 없는 것입니다.

사실 하나님과의 관계는 죄를가 끊게 합니다. 그러나 우리들을 아무도 송사할 수 없고, 우리들을 아무도 정죄를 할 수 없습니다. 비록 우리가 죄인이지만 그것은 주님의 십자가로 다 해결했기 때문에 우리들은 염려할 필요가 전혀 없는 것입니다.

2. 어떻게 사탄의 공격을 이길 수 있는가?

그러면 어떻게 사탄의 공격을 이길 수 있으며 이기는 방법은 어떤 것이 있을까요?

(1) 우리를 도와주시는 성령의 역사

우리는 성령의 역사를

　　(가) 먼저 바로 이해하고,

　　(나) 확신하며,

　　(다) 의지하는 것입니다.

(2) 성령께서 하시는 역사는 무엇인가?

(가) 26절 상, "이와 같이 성령도 우리 연약함을 도우시나니" 백 치고는 최고의 백입니다. 하나님이신 성령께서 우리들의 백이 되고, 도와주시기 때문에 우리들은 전혀 염려할 필요가 없는 것입니다.

(나) 26절 중, "우리가 마땅히 빌 바를 알지 못하나" 사실 우리들은 기도를 한다고 하지만 정말 무엇을 기도해야 할지를 잘 모릅니다. 그런데 성령님은 우리에게 무엇을 기도해야 할지를 가르쳐주고, 인도합니다.

(다) 26절 하, "오직 성령이 말할 수 없는 탄식으로 우리를 위하여 친히 간구하시느니라." 더욱 놀라운 것은 34절 하반절에 보면 주님께서도 "우리를 위하여 간구하시느라"고 했습니다. 성령도 우리를 위해서 말할 수 없는 탄식으로 간구하시고, 예수님도 우리를 위해서 간구하신다고 했습니다. 그래서 때로는 우리들이 기도를 하지 않아도 성령님이 대신하여 주십니다.

3. 성령의 도우심을 받고 있는 우리는 어떻게 해야 하는가?

(1) 구원의 확신을 가지고 삶

구원의 확신을 가지고 살자. 의심하는 것은 사탄이 뿌린 독소입니다. 그러므로 의심하지 말고 확신을 가지기 바랍니다.

(2) 보혜사 성령과 예수 그리스도의 보호하심

혼자서 믿고 혼자서 사는 것이 아니라 보혜사 성령과 예수 그리스도께서 우리들을 보호하시고, 도와주시고, 인도하심을 믿고 힘 있게 살아갈 수 있기를 바랍니다.

(3) 성령도 주님도 기도로 우리를 돕고 계심

가장 중요한 승리의 비결은 기도하는 것입니다. 성령도 주님도 기도로 우리를 돕고 계십니다. 그러므로 기도로 승리합시다. 네 입을 넓게 열라. 그리하면 내가 채우리라. 그러므로 이 저녁에도 우리를 도우시는 하나님을 만나시기 바랍니다. 그래서 모든 문제가 다 해결되기를 바랍니다.

예수님이 당하신 고난의 의미

(사 53:4~6)

이번 주간을 고난주간(또는 수난주간)이라고 부릅니다. 4복음서의 기록을 보면 이 한 주간의 사건을 중심으로 자세히 기록하고 있음을 봅니다. 무엇 때문일까요? 그것은 예수님에게 있어서 가장 중요한 것은 그의 고난과 그 고난의 Climax인 십자가와 이것의 열매인 부활사건이기 때문입니다.

기독교의 두 기둥이 있다면 그것은 바로 십자가와 부활인데 오늘은 그 중에 하나인 십자가를 중심으로 왜 예수님이 고난을 당하셨는가를 본문에 나타난 대로 살펴보려고 합니다.

1. 세상 사람들의 오해

4절 후반부 "우리는 생각하기를 그는 징벌을 받아서 하나님께 맞으며 고난을 당한다하였노라" 즉 사람들은 예수님의 고난을 징벌로 봅니다. 물론 고난이란 일반적으로 그리고 원칙적으로 하나님의 징벌과 관련되는 것은 사실입니다.

그러기에 욥의 친구들도(엘리바스, 빌닷, 소발) 말하기를 "보라 죄 없이 망한 자가 누구인가? 정직한 자의 끊어짐이 어디 있는가?"라고 반문하였던 것입니다.

그러나 의인인 욥도, 죄로 징벌당한 게 아닌 것처럼 예수님도 죄로 징벌을 당한 게 아닙니다. 물론 예수님이 당하신 고난의 의미는 욥과는 전혀 다릅니다.

2. 고난의 참된 이유는?

4절 상반부에 보면 "그는 실로 우리의 질고를 지고 우리의 슬픔을 당하였다"고 했습니다. 여기서 우리의 질고란 우리의 죄의 결과로 마땅히 행해야 할 징벌로서의 질병과 고난을 말합니다.

성경에서 죄의 삯은 사망이라고 말한 것은 인간은 그가 지은 죄로 마땅히 고난과 죽음을 당해야 한다는 것입니다. 그런데 사랑의 하나님은 그것을 그냥 내버려 둘 수가 없어서 예수님으로 하여금 대신 우리의 질고를 당하게 했던 것입니다. 그것이 바로 십자가였습니다. 고로 "그가 찔림은 우리의 허물(原罪)을 인함이요 그가 상함은 우리의 죄악(自犯罪)을 인함"입니다.

3. 주님의 고난의 결과(5절)

1) 참 평화는 죄의 문제를 해결해야 이루어짐

"그가 징계를 받음으로 우리가 평화를 누리고" 참 평화는 하나님과의 바른 관계에서 옵니다. 그런데 죄는 하나님과 우리 사이를 갈라놓았습니다. 고로 참 평화는 죄의 문제를 해결해야 이루어집니다. 십자가는 바로 이 죄를 해결할 수 있는 유일한 방법입니다. 지금 인류는 이 평화를 얼마나 갈구하고 있는가? 나라와 나라 사이, 교회와 교회 사이 그리고 각 영혼들이 얼마나 평화를 원합니까? 그러나 평화를 찾을 수가 없습니다.

왜 그럴까요? 십자가를 떠난, 십자가 없는 평화를 원하기 때문입니다. 고난과 죽음의 십자가 없이는 참 평화가 없습니다.

2) 무서운 병은 영혼의 질병

그가 채찍에 맞음으로 나음을 입었도다. 인류의 또 다른 적은 질병입니다. 육체적 질병, 정신적 질병, 영혼의 질병 모두가 무서운 병입니다. 그러나 여기서 가장 무서운 병은 영혼의 질병입니다. 이 영혼의 병에서 정신적, 육체적 질병이 나오게 되기 때문입니다. 오늘날 과학의 발달로 좋은 약품이 개발되고 새로운 치료법이 나오지만 거기에 구체적 치료법은 없고 다 임시적 잠정적인 것에 불과할 뿐입니다.

이 영적 질병의 결과로 이 세상에 미움이 왔고 시기와 질투가 왔습니다. 그래서 우리는 싸우고 그로 인해 항상 긴장 속에서 삽니다. 욕심이란 병으로 인해 죄를 낳게 되었습니다.

그러나 예수님은 우리 영혼의 의사가 되십니다. "건강한 자에게는 의원이 쓸데없고 병든 자에게야 쓸데 있나니 내가 의인을 부르러 온 것이 아니요 죄인을 불러 회개시키러 왔노라" 예수님이 고난당하시고 십자가를 진 것은 바로 이 영혼의 병을 고치시기 위해서입니다. 여러분은 어떤 질병으로 고난당하십니까? 이 세상에 질병 없는 자 누구입니까? 그러므로 십자가 밑에 나아와 예수님을 붙들어야 합니다.

3) 그릇 행하여 각기 제 길로 갔거늘

6절 "우리는 다 양 같아서 그릇 행하여 각기 제 길로 갔거늘 여호와께서 우리 무리의 죄악을 그에게 담당시키셨도다."(죄 문제 해결= 다 용서함 받았다)

롬 8:1 "그러므로 이제 예수님 안에 있는 자에게는 결코 정죄함이 없나니" 양 같다는 말은 약합니다. 무지하다는 뜻입니다. 그래서 악마의 유혹에 빠집니다. 광야 생활에 익숙지 못합니다. 그래서 "그릇 행하여 각기 제 길로 갔거늘"

결론

모세 때 광야에서 불뱀에게 물린 이스라엘 백성이 장대를 바로 볼 때 살게 되었듯이 우리도 십자가를 바라봐야 삽니다. 인류의 소망, 우리 민족의 소망, 우리의 소망은 십자가 밖에 없습니다. 그러므로 이 시간 우리는 그 십자가를 바라보며 감사하고 회개하고 결심하시기를 축원합니다.

고난과 죽음의 의미

(엡2:16; 수24:29~33)

오늘은 종려주일입니다. '종려주일'이란 이름이 붙은 것은 예수님께서 나귀를 타고 예루살렘에 입성하셨을 때에 사람들이 손에 종려나무 가지를 들고 '호산나 찬송하리로다' 하면서 예수님을 찬양하고 영접한 데서 비롯된 것입니다. 또 다음 한 주간을 '고난주간'이라고 말합니다. 그 이유는 예수님께서 우리를 위해 십자가를 지시고, 고난을 당했기 때문입니다.

1. 고난의 의미는?

시편 84편 6절에 보면 인생을 '눈물골짜기'라고 표현했습니다. 인생은 죽기까지 수많은 눈물과 고난을 겪어야만 하는 존재입니다. 왜 인생은 고난을 겪어야만 할까요? 하나님이 전능하신 분이시요, 세상의 무엇이든 하나님의 섭리 속에서 이루어지는 것이라면 우리가 당하는 고난도 다 하나님의 뜻이 있다는 말씀입니다.

(1) 고난은 인생이 범한 죄 값

첫째로 고난은 인생이 범한 죄 값으로 당합니다. 다시 말하면 죄의 결과요, 삯입니다.

(2) 하나님이 원하시는 대로 성숙하게 만들어주는 끌(鉞)

그러나 고난은 이런 부정적인 의미만 있는 것은 아닙니다. 보다 적극적인 의미도 있습니다. 다시 말하면 인생을 하나님이 원하시는 대로 성숙하게 만들어주는 끌과 같습니다. 우리가 다이아몬드를 보면 크고 각이 많을수록 값이 비쌉니다. 다이아몬드는 가장 단단한 광물이기 때문에 그 각을 만드는 것이 쉽지 않습니다. 그러나 이 다이아몬드는 참으로 많은 곳에 사용됩니다. 그래서 고난이란 풀무불은 대장간의 불처럼 우리를 하나님이 원하는 형상대로 다듬어가는 역할을 합니다. 모난 사람은 둥글게 다듬고, 짧은 사람은 길게 만들고, 거친 사람은 부드럽게 만들고, 이것이 그냥 되는 것이 아니라 고난이란 과정을 통해서 하나님의 형상대로 우리를 다듬어 가는 것입니다.

그래서 시편 119편 67절에서 '고난당하기 전에는 내가 그릇 행하였더니 이제는 주의 말씀을 지키나이다.'라고 고백한 것입니다.

그러므로 고난은 당할 때에는 괴롭고 힘듭니다만 결과적으로는 우리에게 유익한 것입니다. 사실 세상에 고생 안 하고 성공한 사람들이 어디 있습니까? 있다면 그것은 오래 가지 못하고 '거의'로 끝납니다. 물건도 마무리를 잘 해야 하지만 사람은 고난이란 과정을 통해서 인격이 바로 되어야 성공도 오래 가고, 하나님의 축복도 오래 오래 받는 것입니다. 그래서 로마서 8장 28절에서 "하나님을 사랑하는 자 곧 그 뜻대로 부르심을 입은 자들에게는 모든 것이 합력하여 선을 이루느니라."고 했던 것입니다. 믿습니까?

(3) 고난은 그리스도의 면류관에 동참하는 보증수표

셋째로 고난은 그리스도의 면류관에 동참하는 보증수표입니다. 따라서 고난 없이 면류관은 없습니다. 어머니가 해산의 고통을 통해 자녀를 낳기 때문에 아버지보다도 자식을 더 사랑하는 보상을 받습니다. 사람들은 장미에 가시가 있다고 불평을 하지만 가시에 장미 같은 아름다운 꽃이 핀다고는 생각지 못합니다. 그러므로 여러분에게 가시 같은 고난이 있다고 불평하지 마시기 바랍니다. 왜냐하면 거기에 장미꽃 같은 아름다운 꽃이 필 것이기 때문입니다.

(4) 고난의 최고 상징인 십자가로 말미암아 하나님과 화목

넷째로 에베소서 2:16절을 보면 고난의 최고의 상징인 십자가로 말미암아 하나님과 화목 되게 하였다고 했습니다. 십자가는 주님만이 지시는 것이 아닙니다. 우리도 다 자기 몫에 태인 십자가가 있습니다. 아버지는 아버지대로 십자가가 있고, 어머니는 어머니대로 십자가가 있습니다. 교인들은 교인들대로 십자가가 있고, 목사는 목사대로 십자가가 있습니다.

그러나 주님의 십자가와 우리의 십자가는 그 의미가 서로 다릅니다. 주님의 십자가는 하나님과 우리를 화목하게 만들어 주고, 우리의 십자가는 이웃과 나를 화목하게 만들어 줍니다. 그래서 우리의 십자가는 아주 중요한 의미가 있습니다.

2. 죽음의 의미를 살펴봅니다.

오늘 본문에 보면 참으로 허무한 말씀이 계속해서 나옵니다. 가나안 정복의 최고 지도자 여호수아가 죽으매 장사하였다 했고, 애굽의 총리대신이었던 요셉의 뼈를 세겜에 장사하였다 했고, 아론의 아들인 엘르아살도 죽으매 산에 장사하였다고 했습니다. 죽으매 장사하였다는 것이 과연 인생의 결론입니다. 세계적으로 인생은 2초에 한 사람씩, 일 년에 6천만 명이나 죽는다고 합니다. 도대체 죽음이란 왜 이렇게 허무한 것일까요? 과연 인생이란 죽고 장사지내는 것으로 끝나는 것일까요? 한번 죽음의 의미를 살펴보겠습니다.

(1) 죽음은 죄의 삯

첫째로 죽음은 죄의 삯입니다. 로마서 6:23절에 보면 '죄의 삯은 사망이요'라고 분명히 말씀했습니다. 아담과 하와가 선악과를 따먹음으로써 죽음이 이 세상에 왔다는 말입니다. 솔직히 저는 어려서는 이것이 왜 큰 죄가 되는지 이해가 되지 않았습니다. 사과 하나 따먹었기로 이것이 어떻게 죽을죄가 되는가? 하고. 그러나 선악과를 따 먹었다는 것은 단순히 배가 고파서나 호기심으로 먹었다는 것이 아닙니다.

선악과를 따 먹었다는 것은 하나님과 같아지려는 교만과 약속의 말씀을 믿지 않은 불신의 죄라는 것입니다. 그래서 인류에게 죽음이 온 것입니다.

(2) 죽음은 천국으로 가는 현관문

둘째로 죽음에도 적극적인 의미는 있습니다. 죽음 자체만을 생각해 보면 허무한 것임에 틀림없습니다. 그러나 죽음의 보다 적극적인 의미는 죽음은 천국으로 가는 현관문이란 데 있습니다. 부활을 위한 준비가 바로 죽음입니다. 인생은 죽지 않고는 부활할 수가 없기 때문입니다.

다음 주일은 우리가 잘 아는 대로 부활주일입니다. 주님이 죽음을 통해서 우리의 죄를 대신하셨고, 부활하심으로 우리의 고난과 죽음이 무의미한 것이 아님을 보여주신 것입니다. 그러나 오늘 우리가 꼭 기억해야 할 것은 우리가 부활하기 위해서는 먼저 죽어야 한다는 아주 평범한 사실입니다. 다시 말하면 우리의 옛 사람을 주님과 함께 십자가에 못박기 바랍니다. 그래야 우리가 주님과 함께 부활할 수 있습니다. 그래서 다음 주일에 맞게 될 부활절이 바로 저와 여러분들의 미래에 있게 될 부활을 준비할 수 있기를 예수님의 이름으로 축원합니다.

일어나라 빛을 발하라

(사60:1~3)

이 말씀은 장차 시온의 영광이 비쳐올 것을 예언한 이사야 선지자의 예언의 말씀입니다. 오늘은 이 말씀을 가지고 교회의 전도적 사명을 함께 살펴보면서 함께 은혜를 나누려고 합니다. 우리나라에 기독교가 들어온 지 제2세기에 접어들면서 하나님께서 우리에게 시온의 영광을 주시려고 준비하고 있는 것을 먼저 영안을 가지고 보시기를 바랍니다. 그러나 이 시온의 영광은 그냥 주어지는 것이 아닙니다. 우리가 준비를 해야 합니다.

1. 시온의 영광이 비쳐오려면

시온의 영광이 비쳐오려면 어떻게 해야 합니까? 먼저 '일어나라'고 했습니다. 여기서 일어난다는 말은 다음과 같습니다.

(1) 잠에서 깨어난다는 뜻

첫째로 '잠에서 깨어난다'는 뜻입니다. "또한 너희가 이 시기를 알거니와 자다가 깰 때가 벌써 되었으니" 하나님은 우리 모든 사람들에게 사명을 주시고 이것을 우리가 감당하기를 원하십니다. 그러므로 우리가 사명이 있는 동안은 우리는 절대로 죽지 않습니다. 문제는 우리의 사명이 무엇이냐는 것입니다. 우리의 사명은 크게 두 가지입니다.

첫째는 창세기 1:28절의 말씀대로 "하나님이 그들에게 복을 주시며 그들에게 이르시되 생육하고 번성하여 땅에 충만하라, 땅을 정복하라"고 했습니다. 이것을 소위 문화명령이라고 부릅니다. 그러나 인간이 범죄한 후에 복음전파의 명령을 주신 것입니다. "그러므로 너희는 가서 모든 족속으로 제자를 삼아 아버지와 아들과 성령의 이름으로 세례를 주고 내가 너희에게 분부한 모든 것을 지키게 하라. 볼지어다 내가 세상 끝날까지 너희와 항상 함께 있으리라 하시니라" 이것을 우리는 복음전파의 명령이라고 부릅니다. 이 두 가지가 하나님이 우리들에게 주신 명령입니다. 그러므로 잠에서 깨어난다는 말은 사명을 자각하고 깨닫는다는 뜻이요 세속의 쾌락과 세속의 삶에서 벗어난다는 뜻입니다.

(2) 일할 때가 되었다는 뜻

두 번째로 일어난다는 말은 '일할 때가 되었다'는 뜻입니다. 인간에게 중요한 것은 시간을 아는 것입니다. 그래서 시간을 아는 사람들을 철이 들었다고 말합니다. 씨를 뿌릴 때가 언제인지, 거름을 주고, 밭에 김을 매고, 추수할 때가 언제인지 바로 알아야 한다는 것입니다. 시기를 놓치면 모든 것은 끝나고 맙니다. 인간도 농사짓는 것과 같아서 배울 때와 일할 때를 분별해서 알아야 합니다. 날이 새었는데 잠옷을 입고 누워 있으면 안 된다는 말씀입니다. 지금이야 말로 일할 때가 되었습니다. 이것을 분별하여 깨달을 수 있기를 바랍니다.

(3) 옷을 입으라는 뜻

일어나라는 말은 '옷을 입으라'는 뜻입니다. 의의 세마포 옷을 입으라는 뜻입니다. 주님의 재림의 때가 가까웠는데도 어리석은 다섯 처녀처럼 기름을 준비하지 못한 채 있으면 안 된다는 말입니다.

2. 빛을 발하라

시온의 영광이 비쳐오려면 다음으로 할 것은 빛을 발하라고 하였습니다. 하나님께서는 우리들에게 두 가지의 사명을 주셨습니다.

하나는 소금의 사명이고 다른 하나는 빛의 사명입니다. 소금의 사명은 부패를 방지하는 역할입니다. 그러나 빛을 비치는 적극적 사명이 있다고 하였습니다. 여기서 우리는 참 빛이 누구인가를 알아야 합니다. 요한은 예수님이 참 빛이 되신다고 하였습니다. 그러면 우리는 누구입니까? 우리는 이 참 빛이신 예수님에게서 빛을 받아가지고, 세상을 비추는 달과 같은 존재입니다. 그러면 구체적으로 어떤 빛을 비추어야 합니까?

(1) 분별하라는 뜻

빛을 비추라는 말은 '분별하라'는 뜻입니다. 빛은 여러 가지의 역할을 하는 가운데 분별하는 일을 합니다. 마찬가지로 우리는 선과 악, 의와 불의, 하나님의 뜻과 사람의 뜻을 분별하여야 합니다.

(2) 생명을 주라는 뜻

빛을 비치라는 말은 '생명을 주라'는 뜻입니다. 빛의 두 번째 중요한 역할은 생명을 주는 것입니다. 이 세상 사람들은 삶의 참 의미를 모르고 살고 있습니다. 이들에게 인생의 목적이 무엇이며 어떻게 사는 것이 참 삶인지를 보여주라는 말입니다.

(3) 빛 되신 주님을 증거하라는 말

빛을 비추라는 말은 무엇보다도 '빛 되신 주님을 증거하라'는 말입니다. 우리가 10월 17일에 예수 사랑 큰잔치를 합니다. 물론 매주일이 바로 예수 사랑 큰잔치입니다.

그러나 이 날을 특별히 정하고 가는 것은 전도할 기회를 갖기 위해서입니다. 가까운 사람들에게 복음을 전하고, 믿음의 가족이 되기 위해서입니다.

맺음 말

이제 설교를 마치려고 합니다. 조금 전의 말씀은 시온에 빛과 영광이
임하였으므로 이제는 암흑한 세상을 향해 빛을 비추는 도구가 되라, 택
한 백성이 되라, 중심지가 되라는 명령입니다. 그리하면 이방 세계가
주님 앞으로 돌아올 것이라고 예언했습니다.

이 역사가 우리 충현교회를 통하여 나타날 수 있기를 축원합니다.

깨닫지 못하더라

(요8:21~30)

오늘은 깨달음에 대하여 세 가지 내용으로 말씀드리면서 함께 은혜를 나누려고 합니다.

1) 왜 깨달음이 필요한가?
2) 무엇을 깨달아야 하는가?
3) 어떻게 깨달음에 이를 수 있는가?

1. 왜 깨달음이 필요한가?

(1) 깨달음이 있어야 은혜가 됨

하나님의 은혜를 받기 위해서는 먼저 깨달음이 있어야 하기 때문입니다.

느 8:8절에 보면 수문 앞 광장에 이스라엘 백성들이 모였습니다. 에스라의 율법책을 읽고 해석해주는 것을 듣기 위해서입니다. 이때에 "하나님의 율법을 낭독하고 그 뜻을 해석하여 백성으로 그 낭독하는 것을 다 깨닫게 하매 백성이 그 율법의 말씀을 듣고 다 우는지라"고 했습니다. 우리가 언제 은혜가 됩니까? 깨달을 때입니다.

(2) 깨달을 때에 인생의 열매

깨달을 때에 인생의 열매, 성경의 열매를 맺을 수 있기 때문입니다.

마 13:23절에 "좋은 땅에 뿌리웠다는 것은 말씀을 듣고 깨닫는 자니 결실하여 혹 백 배, 혹 육십 배, 혹 삼십 배가 되느니라"고 했습니다.

(3) 깨달을 때에 받는 보상

깨달을 때에 마음에 위안을 받게 되고, 사랑에서 연합하게 하고 이해의 모든 부요함에 이르게 하기 위해서는 바로 이 깨달음이 필요합니다.

골 2:2절에 "이는 저희로 마음에 위한을 받고, 사랑 안에서 연합하여 원만한 이해의 모든 부요에 이르러 하나님의 비밀인 그리스도를 깨닫게 하려 함이라"고 했습니다.

(4) 깨달음이 없으면

깨달음이 없으면 다 망하기 때문입니다. 우리는 깨달아야 합니다. 호 4:14절에 "깨닫지 못하는 백성은 패망하리라"고 했습니다. 호세아 선지자가 이스라엘 백성들의 죄를 지적하는 가운데 하신 말씀입니다.

그런데 우리는 불행하게도 깨닫지 못하는 경우가 많습니다. 왜 깨닫지 못합니까? 그것은 깨닫는 마음과 보는 눈과 귀가 없기 때문입니다 (신29:4). 사 44:18절에 보면 그 마음이 어두워져서 깨닫지 못하였다고 했습니다.

2. 우리가 무엇을 깨달아야 하는가?

호 5:1절에 하나님은 이스라엘 백성들을 향하여 "이스라엘 족속들아 깨달으라"고 했습니다. 그러면 무엇을 깨달아야 합니까?

(1) 자신을 바로 깨달아야

먼저 내가 누구인가 하는 자신의 정체성의 깨달음이 있어야 합니다. 지금 청소년들의 방황이나 사회적 혼란은 바로 이 정체성을 깨닫지 못하기 때문입니다.

(2) 나를 향하신 하나님의 뜻을 깨달아야 합니다.

하나님의 뜻을 모르기 때문에 방황하고, 우왕좌왕합니다. 하나님의 뜻을 모르기 때문에 하나님의 축복을 받지 못합니다.

(3) 나의 사명을 깨달아야

내가 예수님을 통해서 구원받았다는 것과 나의 사명이 무엇인가를 깨달아야 합니다. 즉 사명자로서의 깨달음이 있어야 합니다. 가장 불행한 사람은 무엇을 해야 할지를 모르는 사람입니다. 그러므로 사명감이 있어야 합니다.

(4) 그리스도 안에서 한 가족 됨을 깨달아야

우리가 다 그리스도 안에서 한 가족이 됨을 깨달아야 합니다. 지금 한국교회가 망하기 시작하는 것은 개교회주의에서 비롯됩니다. 이 개교회주의는 우리가 다 그리스도 안에서 한 가족인 것을 모르기 때문입니다.

(5) 그리스도 안에서의 나의 위치를 깨달아야 합니다.

인간이 경거망동하는 것은 자신의 위치를 모르기 때문입니다.

(6) 내가 예수님의 제자가 됨을 깨달아야 합니다.

3. 어떻게 깨달음에 이를 수 있는가?

성경에 나오는 다섯 가지 방법을 소개하겠습니다.

(1) 하나님의 말씀을 통해서 깨달음에 이를 수 있습니다.

우리가 죄를 깨닫는 것은 율법의 자로, 율법의 저울로, 율법의 거울로 보는 것입니다. 왜냐하면 하나님은 율법을 통해서 죄를 깨닫도록 하여주셨기 때문입니다. 반대로 하나님의 사랑을 깨닫는 것은 복음을 통해서만이 깨달을 수가 있습니다.

(2) 말씀을 바로 지도하는 사람이 있어야 깨달음에 이를 수 있습니다.

행 8:31절에 에디오피아 간다게의 내시가 예루살렘에 왔다가 가자지

역으로 돌아가는 길에 이사야 53장을 읽으면서 깨닫지 못하고 있었습니다. 이때에 빌립 집사가 읽은 것을 깨닫느뇨? 하고 묻는 질문에 대답하는 말씀이 나옵니다. "지도하는 사람이 없으니 어찌 깨달을 수 있느뇨?"

마태복음 16장에 보면 주님께서 제자들에게 삼가 바리새인과 사두개인들의 누룩을 조심하라고 말씀하시지만 제자들이 깨닫지 못하였다고 했습니다. 전체적으로 말씀을 듣지 않았기 때문이었습니다. 그래서 주님은 오병이어의 기적부터 차근차근 해석해 주고 설명해 주었습니다. 12절에 보면 그제야 제자들이 깨달으니 라고 했습니다.

(3) 마음의 문이 열려야 보입니다.

누가복음 24장에 엠마오로 가는 두 제자와 부활하신 주님이 대화하는 내용이 나옵니다. 45절에 보면 "이에 저희 마음을 열어 성경을 깨닫게 하시고." 마음의 문이 열려야 깨달음을 가질 수 있다는 뜻입니다. 누가 마음의 문이 열립니까? 기도하면 열립니다.

영적 소경은 보지 못하고 깨닫지 못한다고 했습니다. 요 1:5절에는 "어두움이 깨닫지 못하더라"고 했습니다. 영맹(靈盲)은 보지 못한다는 뜻입니다. 누가 영적 소경에서 벗어날 수 있습니까? 거듭나야 합니다. 그래서 주님은 거듭나지 아니하고는 하나님 나라를 볼 수 없느니라고 했던 것입니다.

또 예정되지 않은 사람은 깨닫지 못한다고 했습니다. 마태복음 13장 비유에서 구약 이사야 6:9~10절의 구절을 인용하면서 "너희가 듣기는 들어도 깨닫지 못할 것이요 보기는 보아도 알지 못하리라"고 하면서 천국비밀이 허락되지 않은 사람들에게는 깨닫지 못하게 한다고 했습니다. 그래서 욥기 17:4절에 "주께서 그들의 마음을 가리워서 깨닫지 못하게 하셨사오니"라고 했습니다.

(4) 장성한 사람이 되어야 깨닫게 됩니다.

고전 13:11절에 "내가 어렸을 때에는 말하는 것이 어린아이와 같고 깨닫는 것이 어린아이와 같고 생각하는 것이 어린아이와 같다가 장성한 사람이 되어서는 어린아이의 일을 버렸노라." 어린아이의 문제점이 무엇입니까? 부분적으로 보는 것입니다. 전체적으로 보지를 못합니다. 그러므로 믿음이 장성해야 합니다.

(5) 고난을 통하여 깨닫게 하십니다.

렘 10:18절에 "여호와께서 이같이 말씀하시되 보라 내가 이 땅에 거하는 자를 이번에는 내어던질 것이라. 그들을 괴롭게 하여 깨닫게 하리라 하셨느니라." 즉 이스라엘 백성들을 포로로 잡혀가게 하여 그 고난 속에서 하나님을 보게 하고 하나님의 뜻이 무엇인가를 깨닫게 하신다는 뜻입니다.

자녀에게 남길 유산

(행9:36~43)

1. 여러분은 어떤 유산을 남기기를 원하십니까?

(1) 무엇보다도 교육을 자녀들에게 유산으로 남겨야 합니다.

왜냐하면 교육이 자녀를 위한 유산이기 때문입니다. 물질은 남겨보아도 자기가 번 돈이 아닌 것은 자녀들이 바로 경영하지도 못하고, 자칫하면 방종과 다툼만을 일으키기 때문입니다.

잠언 22:6절에 "마땅히 행할 길을 아이에게 가르치라. 그리하면 늙어도 그것을 떠나지 아니하리라"고 했기 때문입니다.

유대인들이 세계를 지배하는 것은 그들이 돈이 많아서가 아닙니다. 강해서도 아닙니다. 어려서부터 교육에 힘을 썼기 때문입니다. 교육에서 중요한 것은 바른 가치관을 심어주는 것입니다. 그러면 어떤 가치관을 가르쳐야 합니까? 중요한 것은 도덕적 가치관과 영적 가치관입니다. 바울은 롬 12:1절에 "너희 몸을 하나님이 기뻐하시는 산제사로 드리라"고 했습니다. 산 제물이 된다는 것은 우리의 가치관과 관계가 되는 말입니다. 자아 중심적인 가치를 하나님의 권위 아래에 두어야 한다는 뜻입니다.

우리는 대부분 나의 느낌과 나의 관점에서 모든 것을 판단합니다. 즉 자아 중심적인 가치관을 가지고 판단합니다. 이것을 인본주의라고 부릅니다. 우리는 하나님이 말씀하신 것을 표준으로 하여야 합니다. 그것이 바른 가치관입니다.

(2) 교육보다 더 큰 유산이 있습니다.

그것은 부모의 덕행입니다. 바울의 믿음의 아들인 디모데는 누구보다도 큰 유산을 물려받은 사람입니다. 딤후 1:5절에 "이는 네 속에 거짓이 없는 믿음을 생각함이라. 이 믿음은 먼저 네 외조모 로이스와 네 어머니 유니게 속에 있더니 네 속에도 있는 줄을 확신하노라." 디모데는 부모를 통하여 믿음의 유산을 물려받은 사람입니다.

지금 유대인들이 신명기 6:4~9절에 기록된 쉐마교육을 통해서 세계를 지배하는 원동력이 된 것은 우리 가정의 유산을 어떻게 물려줄 것을 말해 줍니다.

2. 도르가의 유산을 살펴보겠습니다.

예루살렘으로 통하는 항구 도시인 욥바에 히브리어로 다비다 라는 여자 제자가 있었습니다. 그 뜻은 헬라어로 번역하면 도르가입니다. 도르가란 말은 아름다운 양 혹은 사슴이라는 뜻입니다. 잠언 5:19절에 아내를 가리켜 사랑스러운 암사슴에 비유하고 있는데 도르가가 바로 그런 여자였습니다.

그런데 이 도르가가 죽게 된 것입니다. 오늘 여기서 중요한 것은 도르가가 남긴 유산이 무엇이냐는 것입니다. 39절에 보면 속옷 하나와 겉옷 하나뿐이었습니다. 그러나 도르가가 남긴 유산은 결코 작지 않았습니다.

(1) 선행과 구제하는 일

"선행과 구제하는 일이 심히 많더니"(36). 남에게 자선을 베푸는 것은 물론 궁핍한 자들을 돌보는 일을 했다고 했습니다. 39절에 보면 도르가는 그녀가 손수 만든 것들로 남들을 구제했다고 했습니다.

(2) 빛의 삶이란 선행과 구제를 의미

도르가가 죽었을 때 욥바의 모든 과부가 베드로 곁에 서서 울었다고 한 것은 도르가가 과부들을 위해서 많은 일을 했다는 것을 말해줍니다. 성경에서 말하는 빛의 삶이란 이런 선행과 구제를 의미하는 것이었습니다. 이런 삶은 하나님께 영광이 되는 삶입니다(마5:16).

(3) 도르가는 많은 사람들에게 믿음의 도구가 됨

도르가는 베드로의 전도활동에 큰 역할을 감당했습니다. 42절에 "온 욥바 사람이 알고, 많이 주를 믿더라"고 했습니다. 베드로가 죽은 도르가를 다시 살렸을 때 이것을 본 많은 사람들이 주님을 믿게 되었다는 말입니다. 즉 도르가는 많은 사람들에게 믿음의 도구가 된 것입니다.

3. 우리는 자녀들에게 무엇을 유산으로 남겨줄 것인가?

우리는 자녀들에게 영적인 유산과 도덕적인 유산을 물려주는 것이 중요합니다.

(1) 쉐마교육을 통해 하나님을 알게 하고

쉐마교육을 통해서 하나님을 알게 하고 믿게 하여야 합니다. 쉐마교육이란 신명기 6:4~9절의 말씀 중에서 들으라는 말의 히브리어를 말합니다. 바로 이 신앙을 우리들도 자녀들에게 유산으로 물려주어야 합니다.

(2) 하나님의 뜻을 아는 비결

모든 일에 하나님의 뜻을 아는 비결을 가르쳐 주어야 합니다. 역사의 주인은 하나님이십니다. 모든 생사화복이 하나님의 손안에 있습니다. 그렇다면 우리는 하나님의 뜻을 순종하는 것이 바로 성공의 비결입니다. 그러면 어떻게 하나님의 뜻을 알 수 있습니까?

첫째는 성경을 통해서 하나님의 뜻을 아는 것입니다.

둘째는 설교 말씀을 통해서 하나님의 뜻을 깨닫는 것입니다

셋째는 환경을 통해서 하나님의 뜻을 아는 것입니다. 그러나 환경을 통해서는 언제나 위험이 따르기 때문에 하나님의 말씀과 일치가 되는가? 다른 사람들에게 유익이 되는가? 나의 계획과 일치가 되는 가를 살펴보아야 합니다.

(3) 일인일기의 교육이 필요 합니다

유대인들은 아무리 공부를 많이 해도 전쟁 때나 위기에서 생존하기 위해서 한 사람에게 한 가지씩 기술을 가르쳤습니다.

(4) 사랑과 관용과 친절을 가르쳐야 합니다.

사람은 관계적인 존재이기 때문입니다. 위로는 하나님과의 관계를 가지고 살고 있고, 아래로는 이웃과의 관계를 가지고 살고 있습니다. 심지어 자연과의 관계도 가지고 있습니다.

관계적 존재로서 해야 할 가장 중요한 것은 바로 사랑과 관용과 친절입니다. 사람은 누구도 혼자 설 수 없는 존재입니다. 한문에 사람 인 자를 보면 서로 기대어 있습니다. 사람은 서로 기대어 살아야 합니다.

차고 넘치는 축복을 받으려면

(눅5:1~11)

1. 본문에 나오는 시몬 베드로의 체험은 우리들의 체험입니다.

5절에 "선생이여 우리들이 밤이 맞도록 수고를 하였으되 얻은 것이 없지마는." 다시 말해서 우리들의 삶은 수고하였으나 얻은 것이 없는 삶이었다는 말입니다.

2. 왜 우리들이 수고를 하였는데도 얻은 것이 없을까요?

(1) 하나님의 축복 없이도 자기 힘으로 할 수 있다는 자만심 때문

베드로는 갈릴리바다에서 잔뼈가 굵은 사람입니다. 그에게 메시야의 대망에 대한 신앙은 있었지만 그러나 그는 적어도 고기잡이에 관한한 자신이 있는 사람이었습니다. 말하자면 시몬 베드로는 아직 백 프로의 신앙이 아닌 부분적 신앙의 사람이었던 것입니다.

우리도 마찬가지입니다. 우리는 주님을 믿고 주님을 통해서 구원받을 것을 믿고 있습니다. 그러나 삶의 구석구석을 보면 아직 부족한 부분이 많습니다. 과연 우리는 우리의 모든 삶에서 주님을 모시고 살고 있습니까?

시몬 베드로는 결코 교만한 사람이 아니었습니다. 그러나 고기를 잡을 때에는 신앙으로 하지 않았습니다. 자신의 경험과 지식을 의지하였습니다. 이것이 실패의 원인이었습니다.

(2) 하나님께서 보다 중요한 것을 깨닫게 하시려고 실패하게 했던 것

시몬 베드로는 고기잡이를 할 때 기도를 한 적이 없었습니다. 하나님을 의지한 적도 없었습니다. 그러나 그런대로 성공하였습니다. 그는 습관적으로 고기를 잡았습니다. 그런데 이게 웬일입니까? 이번에는 전혀 잡히지를 않는 것입니다.

(3) 세상보다 주님을 더 의지하게 하려는 하나님의 뜻이 있었던 것

하나님께서 고난과 실패를 체험하게 하시는 것은 세상을 의지하지 말라는 경고입니다.

3. 차고 넘치는 축복은 어떤 내용입니까?

(1) 원하는 목적을 이루는 복입니다.

즉 성공의 축복입니다. 시몬 베드로의 목적은 고기를 잡는 것입니다. 그는 고기를 얼마나 많이 잡았는지 "고기를 에운 것이 심히 많아 그물이 찢어지는지라"라고 했습니다. 과거의 어느 때에도 그렇게 많은 고기를 잡아본 적이 없습니다.

(2) 자신을 발견하는 축복을 받았습니다.

8절에 "주여 나를 떠나소서 나는 죄인이로소이다." 이 세상에서 제일 불쌍한 사람은 자기가 누구인지 모르는 사람입니다. 인간은 자기가 할 일, 즉 하나님이 맡겨주신 일을 할 때 가장 행복합니다. 그런데 자신을 모르는 사람은 일생 동안 자기가 할 일을 하지 못합니다.

도대체 나는 누구입니까? 나는 본래 죄인이었으나 예수 그리스도의 보혈로 정결함을 받고 하나님의 자녀가 된 천국백성입니다.

(3) 구원역사에 동참하게 되었습니다.

10절에 "이제 이후로는 네가 사람을 취하리니." 다시 말하면 주님의

제자가 된 것입니다. 이것이 바로 우리의 정체성, 우리의 신분입니다.
그러므로 우리는 어디를 가든지 주님의 제자로서 살아야 합니다. 무엇
을 하든지 주님의 제자의 신분에 맞도록 살아야 합니다.

4. 차고도 넘치는 축복을 받으려면?

(1) 우리의 배를 육지에서 조금 띄어야 합니다.

당시 시몬 베드로의 배는 육지에서 쉬고 있었습니다. 그런데 주님이
오셔서 배를 빌리신 것입니다. 그의 강단으로 사용하기 위해서였습니
다. 보다 많은 사람들에게 말씀을 전하시려는데 직접적인 목적이 있었
습니다.

우리는 늘 하던 일상에서 조금 떨어져야 합니다. 그래야 내 모습을
잘 볼 수 있습니다. 객관적인 시각을 가질 수 있습니다. 주일에는 세상
의 삶과 떨어져서 구별된 삶을 사는 것이 좋습니다.

(2) 깊은 데로 가서 그물을 내려 고기를 잡으라

우리는 신앙의 깊이가 부족합니다. 기도의 깊이가 부족합니다. 깊은
차원에 들어가야 좋습니다.

(3) "얻은 것이 없지마는".

상식과 경험은 그렇지 않다고 하지만 그럼에도 받아들이는 것이 신앙
입니다. 그러나 어떤 때는 특별한 목적을 가지고 상식을 초월할 때도
있습니다. 그러므로 상식에 전적으로 의지하지는 말아야 합니다.

(4) "말씀에 의지하여 내가 그물을 내리이다."

말씀에 의지하는 신앙이 있어야, 차고 넘치는 축복을 받을 수 있습니
다. 사람마다 여러 가지 믿음의 양태가 있으나 말씀에 의지하는 신앙이
가장 좋습니다.

(5) "동무를 손짓하여 도와 달라 하니"

신앙 동지들의 협력이 있을 때 차고도 넘칩니다. 예수를 믿으면 결코 나 홀로가 아닙니다. 믿는 모든 사람들이 다 형제요 자매입니다. 자기만을 생각하는 것은 유아적인 신앙입니다.

5. 차고도 넘치는 축복을 받은 자가 해야 할 사명은?

(1) "저희가 배들을 육지에 대고".

지금까지 해오던 일을 중단하였다는 뜻입니다. 어부는 바다가 생업의 근거지입니다. 육지에 올라오면 그의 터전은 끝나는 것입니다. 새로운 일이 시작되었는데 그것은 바로 생명을 구원하는 주님의 제자가 되는 것입니다.

(2) "모든 것을 버려두고"

자신의 생각이나 욕망이나 명예를 다 버렸다는 뜻입니다. 심지어 재물과 가족까지도 버렸다는 뜻입니다. 그러나 이상한 것은 모든 것을 버릴 때에 우리들은 모든 것을 얻을 수 있습니다.

(3) "예수를 좇으니라"

오직 예수님만을 삶의 목적으로 삼았다는 뜻입니다.

믿는 자가 되라

(요20:24~29)

1. 주님이 제자들에게 있기를 가장 원했던 것은?

그것은 평강이었습니다. 왜냐하면 예수님께서 부활하신 후에 제자들에게 처음 세 번이나 나타나셔서 하신 말씀이 바로 평강의 축복이었기 때문입니다(19,21,26).

그런데 오늘날 우리에게는 이런 평강이 없습니다. 마음에 평강이 없습니다. 가정에 평강이 없습니다. 사회에 평화가 없습니다. 왜 없을까요? 우리가 믿음이 없기 때문입니다.

2. 도마의 형편과 철학은 무엇이었는가?

그러면 왜 도마에게는 그런 평안이 없었을까요? 당시 도마의 형편과 철학은 무엇이었는가?

24절에 보면 주님께서 제자들에게 나타났을 때에 도마는 함께 있지 않았다고 했습니다. 왜 그가 함께 있지 않았는지 우리는 확실히는 알 수 없습니다. 그러나 그의 태도로 보아 그는 예수님께서 십자가에서 죽으셨다는 사실 때문에 좌절감에 빠져서 실의 속에서 혼자 있었던 것이 확실합니다. 왜 그랬을까요? 그것은 도마는 예수님을 지상의 구원자, 지상의 메시야로만 보았기 때문입니다.

이것은 어떻게 보면 오늘의 우리들의 모습과 너무도 같을지 모르겠습니다. 오늘의 우리들도 아직도 도마처럼 좌절하고 의심하고 있습니다. 부활하신 주님을 지상에서 찾으려 하고, 우리의 눈으로 찾으려고 하기 때문에 문제입니다.

믿음과 의심의 차이가 무엇인지 아십니까?

한마디로 해서 '보는 것이 믿는 것입니다.'라는 철학입니다. 25절에 "내가 그 손의 못 자국을 보며, 내 손을 옆구리에 넣어 보지 않고는 믿지 아니하겠노라." 어떻게 보면 정말 철두철미하고 과학적인 사고방식입니다. 그러나 이것은 고집입니다. 그러면 우리는 어떻습니까? 소가 늙으면 질긴 힘줄만 남듯이 우리들도 믿음은 사라지고, 쓸데없는 고집만 남습니다.

우리들은 어떤 의미에서 도마의 후손입니다. 오늘 우리가 안고 있는 문제들, 형편은 어떻습니까? 세 가지의 문제가 있습니다.

(1) 두려움입니다.

생업에 대한 두려움, 자동차 사고에 대한 두려움, 심지어 생명보험, 자동차보험, 화재보험 등 보험료 무는 것도 매달 짐이 되어 못 갚으면 어떻게 하나 하는 두려움이 있습니다.

(2) 좌절감입니다.

(3) 불안입니다.

인간 실존 자체가 불안입니다만, 당장도 앞이 안 보이고, 장래도 끝이 안 보이고 그래서 모든 게 불안합니다.

3. 성경이 말하는 기독교 철학은 무엇인가?

믿는 것이 보는 것입니다. 그래서 주님은 제자들을 책망하지 않고, 믿는 자가 되라고 권면하셨습니다. 믿음이란 보이지 않는 것을 믿는 것입니다. 이 믿음의 보상은 우리가 믿는 것을 보는 것입니다. 믿음이란 하나님이 하실 수 있다고 믿는 것이 아닙니다. 하나님이 하실 것이라고 믿는 것입니다. 그러면 우리가 믿는 자가 되기 위해서 어떻게 해야 합니까?

(1) 내 손을 보라

먼저 보아야 합니다. 그러나 믿음의 눈으로 보아야 하는 것입니다. 육신의 눈으로는 볼 수가 없습니다. 성경에서 본다는 말은 깊은 관계를 뜻할 때 사용하는 경우가 많습니다. 주님과의 영적인 만남을 통해서만 이루어집니다.

(2) 주님께 진솔한 고백

나의 주, 나의 하나님이여. 얼마나 놀라운 고백입니까? 신앙고백 없이는 참된 믿음을 가질 수가 없습니다.

4. 가장 중요한 것은 보지 못하고 믿는 자들의 축복입니다.

(1) 화평을 누리는 축복

롬 5:1절에 "그러므로 우리가 믿음으로 의롭다 하심을 얻었은즉 우리 주 예수 그리스도로 말미암아 하나님으로 더불어 화평을 누리자"

첫 번째 축복이 화평입니다. 마음에 이루어지는 천국의 평안, 가정에 이루어지는 놀라운 화평, 사회적으로 이루어지는 평화 이것이 바로 믿는 자에게 주시는 주님의 축복입니다.

(2) 위대한 축복기도

성경은 축복에서 시작하여 축복으로 끝납니다. 창세기에 "하나님 보시기에 좋았더라"고 하시면서 창 1:28절에 보면 축복하여 주셨습니다. 신약도 마태복음에 보면 팔복에서 시작합니다. 마지막 책인 계시록에도 칠복이 나오면서 끝이 납니다.

하나님이 우리에게 주시는 축복은 이런 것입니다.

하나님의 자녀가 되는 것입니다.

영생을 얻는 것입니다.

심판을 면하게 됩니다.

영적 만족을 누립니다.

부활에 참여합니다.

하나님의 영광을 봅니다.

거룩한 삶을 삽니다.

열매 맺는 삶을 삽니다.

기도의 능력을 가지게 됩니다.

이런 것이 바로 하나님께서 믿는 성도들에게 주시는 축복입니다.

5. 우리가 가져야 할 참된 믿음은 무엇인가?

환상이 아닙니다.

이적도 아닙니다.

영적 체험도 아닙니다.

세상이 말하는 성공도 아닙니다.

그러면 참 믿음이 무엇입니까?

그것은 주님을 만난 뒤에 하나님의 말씀에 기초해서 성령의 인도하심에 따라 행동하는 것입니다. 도마의 고백은 참으로 놀라운 것입니다. "나의 주시며, 나의 하나님이시니이다." 바로 이런 신앙을 가져야 합니다.

참 믿음은 마치 암벽을 타는 등산가가 줄에 생명을 걸고 붙잡고 올라가는 것과 같습니다. 놓으면 죽기 때문에 붙잡는 것이 바로 믿음입니다.

또한 믿음이란 마치 수영하는 사람이 물에 온 몸을 맡기듯이 우리의 모든 것을 하나님께 맡기는 것이 바로 믿음입니다.

맺는 말

부활하신 주님께서 도마에게 주시는 말씀은 오직 믿으라, 믿음 없는 자가 되지 말고 믿는 자가 되라는 것입니다. 보는 것이 믿는 것이라는 철학을 버려야 되겠습니다.

나도 너를 정죄하지 아니하노니

(요7:53~8:11)

1. 본문에서 주는 세 가지의 교훈

(1) 죄가 정말 무섭다는 사실입니다.

먼저 유대 지도자들의 죄입니다. 저들은 예수님을 매장하기 위하여 끈질기게 공모하였습니다. 4절에 모변 간음하다가 현장에서 잡혔다고 했습니다. 만약 현장에서 잡혔다면 남자도 함께 있었을 터이고, 잡을 수 있었을 텐데 여자만 잡아가지고 온 것 자체가 아주 교묘한 것입니다. 여자만 잡아옴으로 예수님을 궁지에 넣으려고 했던 것입니다.

또 우리 인간의 일반적인 면에서 보아도 죄는 참으로 무섭습니다. 왜냐하면 죄는 다윗의 경우에서 볼 수 있듯이 연속성이 있기 때문입니다. 또 죄인 줄 알면서도 피하기 어렵기 때문입니다.

죄가 무서운 것은 누구든지 죄를 범하면 돈이야 있든 없든 지위야 높든 낮든 다 불행하게 됩니다. 한 번 죄를 범하면 죄가 죽을 때까지 따라 다닙니다. 결국은 지옥에까지 끌고 갑니다. 또한 죄가 개인에게 들어가면 개인이 망하고, 가정에 들어가면 가정이 쪼개어지고, 교회에 들어가면 교회가 분열하고, 사회에 들어가면 사회가 썩어지고 망합니다.

(2) 주님은 우리의 모든 것을 다 아시고 계십니다.

주님은 서기관들과 바리새인들이 주님을 고소할 조건을 찾고 있는 것을 잘 알고 계셨습니다. 심지어 우리의 머리카락까지 세신 바 되었고, 우리의 앉고 서는 것을 다 알고 계십니다. 우리들이 겪는 모든 고난과 역경도 알고 계십니다.

만약 모세의 율법대로 돌로 치라고 하면 지금까지 사랑을 외쳐온 주님이 거짓말쟁이가 될 것이고, 치지 말라고 하면 모세의 율법을 공개적으로 어긴 분으로서 주님 자신이 돌에 맞을 것입니다.

그래서 주님은 6절과 8절에 두 번이나 땅에 글을 쓰셨다고 했습니다. 주님이 무슨 글을 썼을까요? 우리는 여기서 주님이 무엇을 쓰셨는가에 너무 신경을 쓸 필요가 없습니다. 중요한 것은 성급하게 여인을 죽이려고 하는 사람들에게 시간적 여유와 마음이 진정되는 유익이 있었기 때문입니다.

(3) 주님이 주시는 제2의 기회를 활용해야 합니다.

많은 사람들이 제2의 기회를 활용하지 못하는 것은

첫째로 너무 빨리 절망하기 때문이고

둘째로 자기 힘으로 잘 되는 줄 알고, 교만하기 때문입니다.

절망과 교만은 한 뿌리의 두 가지입니다. 그러므로 제2의 기회를 활용하기 원한다면 안 된다고, 절망도 말고, 잘 된다고 교만도 말아야 합니다.

기회의 본질이 무엇입니까? 기회는 앞머리만 있지 뒤통수는 대머리입니다. 기회는 달아나기 쉽습니다. 항상 준비하고 기다리지 않고는 기회를 잡을 수가 없습니다.

2. 죄에 대한 유대지도자들의 태도와 주님의 태도

(1) 유대지도자들의 태도

이들은 자신들의 죄에 대해서는 전혀 생각지를 않았습니다. 다만 다

른 사람들의 죄에 대해서만 율법적으로 보고, 비판하고 정죄하는 태도
였습니다. 그러나 자신들은 더 큰 죄를 저지른 죄인인 것을 보지 못했
습니다. 그래서 주님은 자기의 눈에 있는 들보는 보지 못하고, 남의 눈
에 있는 티만 본다고 책망하셨던 것입니다. 그들은 사랑도 없고, 용서
도 없고, 이해나 동정은 더더욱 없었습니다.

(2) 주님의 태도

7절에 "나도 너를 정죄하지 아니하노니 가서 다시는 죄를 범치 말라."
이것은 여인의 과거를 묵인하거나 인정한 것이 아닙니다. 다만 죄 없는
자가 먼저 돌로 치라고 한 것입니다. 주님은 세상을 심판하러 오신 것
이 아니라 구원하기 위해서 오셨습니다(요3:17).

본문에서 간음한 여인에 대한 주님의 자세는 크게 세 가지입니다.

첫째 이해하는 태도입니다.

이해란 말은 사랑의 본질입니다. 무엇이 이해입니까? 남의 입장에서
보는 것입니다. 자신의 입장에서만 보면 결코 상대방을 이해할 수 없습
니다. 눈은 앞에만 있지 뒤에는 없기 때문입니다.

둘째 불쌍히 여기는 태도입니다.

긍휼은 이해하지 않고는 불가능합니다. 그 예는 사마리아 인에게서
볼 수 있습니다. 눅 10:30절에 보면 여리고로 내려가는 길에 어떤 사람
이 강도를 만났습니다. 그런데 사람들은 거반 죽게 된 것을 버리고 갔
습니다. 그러나 사마리아인은 가까이 가서 기름과 포도주를 상처에 붓
고 싸매고 자기 짐승에 태워 주막으로 데리고 가서 돌보아 주고 주막주
인에게 맡기면서 이 사람을 돌보아 주시오. 돈이 더 들면 내가 돌아올
때에 갚아 줄 것이니 잘 돌보아 주시오 하고 부탁을 하고 떠났다는 것
입니다. 이것이 바로 긍휼이며 사랑이요 인자입니다.

셋째는 용서하는 태도입니다. 용서는 불쌍히 여길 때에만 가능합니다. 주님은 죄를 어떻게 다루셨습니까? 롬 2:4절의 말씀처럼 온유하심과 길이 참으심으로 우리가 회개에 이르기를 원하는 것입니다. "나도 너를 정죄하지 아니하노니." 사실 용서는 쉽지 않습니다. 주님의 용서는 싸구려 은혜가 아닙니다. 주님은 죄인을 부르러 오셨고 용서하고 구원해 주시기 위해서 오신 것입니다.

넷째는 경고하는 태도입니다.

주님은 한 번 죄에 걸려들면 벗어나기 어렵기에 조심하라. 이미 지은 죄를 회개하지 않으면 심판을 받으므로 경고를 하고 계시는 것입니다.

어떻게 해결합니까? 기독교는 아주 간단합니다.

간단하게 말하면 토해내면 됩니다. 나는 이런 저런 것을 잘못했습니다. 용서하여 주소서 하고 회개하면 주님은 용서해주마 하고 그의 보혈로 깨끗이 우리를 씻어주시는 것입니다. 언제 해결해 주십니까? 회개하는 바로 그 순간에 해결해 주십니다. 사회의 법정에서 다른 절차나 행위가 필요한 것도 아니고, 경비가 필요한 것도 아닙니다. 또 시간이 필요한 것도 아니고 그냥 회개만 하면 되는 것입니다.

맺는 말

우리는 자신의 죄는 보지 않고 남의 죄만 보는 뻔뻔한 사람이 되어서는 안 됩니다. 주님이 간음하다 잡힌 여인에게 용서하시는 자세를 취한 것처럼 우리도 용서할 수 있어야 합니다. 이해해 주시고, 불쌍히 여기고, 용서해주는 것입니다. 이것이 사랑이요 자비입니다.

그러나 한편 우리는 죄가 얼마나 무섭다는 것을 알아야 합니다. 죄를 지으면 불행해집니다, 죽습니다, 죄의 종이 됩니다. 그러므로 이미 지은 죄는 회개하고 앞으로는 죄를 짓지 않기 위해서 힘써야 합니다.

바울을 부르신 하나님

(행9:1~9)

1. 하나님은 왜 바울을 부르셨는가?

그를 사용하기 위해서 부르셨습니다. 놀라운 것은 사탄도 그의 일꾼을 부릅니다. 그런데 부르는 대상이 서로 다릅니다. 하나님은 자기 일에 바쁜 사람들을 부르시고, 사탄은 하릴없는 사람들을 부릅니다. 하나님은 부르실 때에 큰 약속을 하지 않고 나중에 하십니다. 그러나 사탄은 많은 거짓 약속을 하여 사람들을 흥분시킵니다.

하나님의 부르심에는 크게 두 가지가 있습니다.

(1) 일반적 부르심입니다.

롬 1:6절에 "너희도 그 중에 있어 예수 그리스도의 것으로 부르심을 입은 자니라"고 했습니다. 또 벧전 2:9절에 "오직 너희는 택하신 족속이요, 왕 같은 제사장들이요 거룩한 나라요, 그의 소유된 백성이니 이는 너희를 어두운 데서 불러내어 그의 기이한 빛에 들어가게 하신 자의 아름다운 덕을 선전하게 하려 하심"이라고 했습니다.

(2) 창12:1절에 아브라함을 특별한 목적으로 부르셨습니다.

"너는 너의 본토 친척 아비 집을 떠나 내가 네게 지시할 땅으로 가라"고 했습니다. 이 특별한 부르심은 일꾼으로 사용하기 위해서입니다. "내가 너를 지명하여 불렀나니 너는 내 것이라." 하나님은 지금도 그의 손이 될 사람을 찾고 계십니다.

바울은 기독교를 박해한 사람입니다. 기독교인들을 잡아가기 위해서 다메섹까지 간 사람입니다. 누구에게도 열심에서 떨어지지 않는 사람이었습니다. 하나님은 바울의 삶의 방향만 돌린다면 크게 일할 수 있는 사람이란 것을 아시고, 그를 부르셨던 것입니다.

하나님은 일반적 부르심은 누구에게나 하십니다. 직접 하실 때도 있고, 주의 종들을 통해서 간접적으로 할 때도 있습니다. 어거스틴의 경우는 아이들의 노래 소리를 통해서 부르심을 받았습니다. 그러므로 자기가 받은 체험만을 고집하면 안 됩니다.

2. 바울을 어떻게 부르셨는가?

사도행전 8:1절에 보면 바울은 스데반 집사의 죽임 당함을 마땅히 여겼다고 했는데 이것은 그가 산헤드린 공회원으로서 가표를 던졌다는 뜻입니다. 또 사도행전 9:1절에 보면 주의 제자들에 대하여 위협과 살기가 등등하여 무론 남녀하고 결박하여 예루살렘으로 끌고 오려고 다메섹으로 갔을 때에 부르심을 받았다고 했습니다.

3. 하나님께서 부르실 때에 우리는 어떻게 해야 하는가?

(1) 때를 보는 눈이 있어야 합니다.

요 4:35절에 "너희가 넉 달이 지나야 추수할 때가 이르겠다 하지 아니하느냐 내가 너희에게 이르노니 눈을 들어 밭을 보라 희어져 추수하게 되었도다." 놀라운 것은 우리가 보는 견해와 주님이 보는 견해가 전혀 다릅니다. 우리는 넉 달이 지나야 추수할 때가 이를 것이라고 보는데 반해서 주님은 희어져 추수하게 되었다고 말씀하십니다. 그러므로 먼저 필요한 것은 시대를 보는 눈이 우리들에게 필요합니다.

(2) 내가 여기 있나이다. 하고 응답해야 합니다.

사 6:8절에 "내가 누구를 보내며 누가 우리를 위하여 갈고. 그때에 내가 가로되 내가 여기 있나이다. 나를 보내소서." 이사야만 응답한 것이 아닙니다. 모세도 출 3:4절에 "모세야, 모세야 하시매 그가 가로되 내가 여기 있나이다." 하면서 응답했습니다.

그러나 많은 사람들이 오늘 할 일을 내일로 미룹니다. 이것은 사탄의 전술전략에 빠지는 것입니다. 그러므로 우리는 하나님이 부르실 때에 내가 여기 있나이다. 하면서 응답해야 합니다.

(3) 겸손해야 합니다.

출 3:11절에 "내가 누구관대 바로에게 가며 이스라엘 자손을 애굽에서 인도하여 내리이까?" 모세의 겸손을 읽을 수 있는 구절입니다. 그러나 40대의 모세는 그렇지 않았습니다. 그는 자기의 힘으로 이스라엘을 구원할 수 있다고 착각했습니다.

(4) 온전히 주님께 자신을 맡겨야 합니다.

눅 1:38절에 보면 천사가 마리아에게 잉태될 것을 말씀할 때에 "주의 계집종이오니 말씀대로 내게 이루어지이다." 하고 응답을 한 것처럼 온전히 주님께 자신을 헌신해야 하나님께서 그의 뜻대로 우리들을 사용하십니다.

맺는 말

지금도 하나님은 우리를 부르고 계십니다. 우리는 '내가 여기 있나이다' 하면서 응답해야 합니다. 겸손하게 당신의 종이오니 내게 말씀만 하시옵소서. 죽든지 살든지 뜻대로 하시옵소서 하고 응답해야 합니다.

문이 굳게 닫혔을 때

(수6:15~21)

1. 삶의 문이 닫힐 때

인생을 살아갈 때에 순풍이 불면서 문이 활짝 열릴 때가 없는 것도 아닙니다. 그러나 때로는 문이 굳게 닫힐 때가 있습니다. 기도의 문이 닫히고, 배움의 문이 닫히고, 사업의 문이 닫히고, 선교의 문이 닫히고, 심지어 삶의 문이 닫힐 때가 있습니다. 이럴 때 우리는 어떻게 해야 할까요?

2. 문이 활짝 열렸을 때 어떻게 해야 할까?

문이 열려 있을 때에는 앞뒤 생각 없이 들어가면 안 됩니다.

첫째로 먼저 이것이 하나님이 기뻐하시는 것인가?

둘째로 이것이 지금까지 내가 걸어온 길과 같은 방향인가?

셋째로 다른 사람들에게 유익한가?를 물어보고 그렇다는 결론이 났
을 때 들어가야 합니다.

3. 문이 닫혔을 경우를 말씀드리겠습니다.

(1) 먼저 다음 세 가지를 물어보아야 합니다.

첫째로 누가 이 문을 닫았는가?

둘째로 왜 닫았는가?

셋째로 지금 열린 문은 어디에 있는가? 하나님이 닫으셨다면 열릴 때까지 문을 두드려야 합니다. "문을 두드리라. 그리하면 너희에게 열릴 것이니." 다음은 앞문이 닫혔으면 뒷문이나 옆문이 열렸는가를 살피고, 모든 문이 닫혔으면 위를 보시기 바랍니다. 하나님은 때때로 모든 문을 닫으실 때가 있습니다. 위를 바라보라는 신호입니다.

(2) 1절에서 오늘의 상황을 분석해 보겠습니다.

1절은 오늘의 현실을 잘 보여줍니다. "이스라엘 자손들로 인하여 여리고는 굳게 닫혔고, 출입하는 자가 없더라." 얼마나 심각한 상황입니까? 하나님께서 약속하셨고 이제 들어가야 하는 형편인데 성문이 굳게 닫혀 있으니 이것은 낙심할 수밖에 없는 형편입니다. 그러나 여호수아는 낙심하지 않았습니다. 두려워하거나 의심하지도 않았습니다.

성경에 보면 믿음이 있는 사람과 믿음이 없는 사람의 자세가 다릅니다. 민수기 13장에 보면 12명의 정탐꾼 중에서 다수인 10사람들은 현실만 보면서 부정적인 말을 했습니다. 우리는 스스로 보기에도 메뚜기 같으니 그들의 보기에도 그와 같았을 것이니라(민13:33).

그러나 소수인 갈렙과 여호수아 두 사람은 그렇게 보지 않았습니다. "그 땅을 우리에게 주시리라. 이는 과연 젖과 꿀이 흐르는 땅이니라. 오직 여호와를 거역하지 말라. 또 그 땅 백성들을 두려워하지 말라. 그들은 우리 밥이라. 여호와는 우리와 함께 하시느니라"(민14:8~9).

이것은 교만이 아닙니다. 자만심도 아닙니다. 우월감도 아닙니다. 현실을 볼 때는 역경과 난관의 부정적인 요소가 없지 않으나 하나님의 약속을 믿기 때문에 반드시 승리할 것이라는 신념을 가지는 것입니다.

그러면 우리는 어떻게 역경 속에서 승리할 수 있을까요?

첫째로 낙심하지 말아야 합니다. 낙심은 믿음이 없는 자의 자세입니다. 낙심은 심지어 열린 문도 못 보게 합니다. 우리가 믿는 하나님은 무에서 유를 창조하신 전능하신 하나님이십니다. 그러므로 앞에 아무것도 없다 해도 낙심하지 말아야 합니다. 성경은 말합니다. "너희는 마음에 근심하지 말라, 하나님을 믿으니 또 나를 믿어라".

둘째로 순종할 때에 성문은 열리고 성이 무너집니다. 여호수아는 하나님께서 "네 발에서 신을 벗어라 네가 선 곳은 거룩하니라"고 했을 때에 여호수아 5:15절에 보면 "여호수아가 그대로 행하니라"고 했습니다. 인간은 자기가 서 있는 곳이 얼마나 귀하고 축복이 되는가를 모를 때가 많습니다. 잃은 뒤에야 비로소 깨닫습니다. "아, 그때가 참 좋았는데……." 그러나 그때는 이미 늦습니다. 거룩한 곳이란 말은 하나님이 함께하시는 곳이란 뜻입니다.

셋째로 하나님의 약속을 굳게 믿어야 합니다. 먼저 아브라함에게 하나님은 약속하셨습니다. 특별히 모세에게 약속하셨습니다. 또 여호수아에게 약속하셨습니다. "네 손에 붙였으니."

넷째로 일곱 명의 제사장이 제일 앞에 양각나팔을 붑니다. 양각나팔이란 수양의 뿔로 만든 나팔입니다. 전쟁 때 군사행동의 신호로 사용되었습니다. 멀리서도 들을 수 있는 것이 특징입니다. 양각나팔은 제사장이 부는 것입니다. 불 때에 분명한 소리를 내야 하고, 길게 불어야 하고, 멀리서도 들을 수 있도록 해야 합니다. 그리고 그 뒤에 언약궤가 따랐습니다. 그리고 맨 뒤에 백성들이 여리고 성을 돌면서 외칠 때에 성이 무너졌습니다. 중요한 것은 언약궤의 뒤에 백성들이 따라야 합니다. 말쓸보다 앞서가면 안 됩니다.

다섯째로 5절에 "백성은 다 큰소리로 외쳐 부를 것이라. 그리하면 그 성벽이 무너져 내리리니"

문제는 우리의 침묵입니다. 외쳐도 작은 소리로 외치고 있기 때문입니다. 그러면 성은 무너지지 않습니다. 외친다는 것은 바로 전도의 외침입니다. 성도는 외쳐야 됩니다. 기도로 외쳐야 합니다.

4. 이것만으로는 안 됩니다. 조심할 것이 더 있습니다.

18절에 "너희는 바칠 물건을 스스로 삼가라. 너희가 그것을 바친 후에 그 바친 물건이 어느 것이든지 취하면……. 화를 당케 할까 두려워하노라."라는 말대로 아간처럼 하나님의 물건을 도적질하지 말아야 합니다. 성을 점령한 뒤에 조심할 것은 하나님의 것을 도적질하지 말아야 합니다.

문제는 우리가 청지기 정신을 상실하고 있습니다. 내가 주인으로 착각하고 있습니다. 아닙니다. 내 몸도 주인은 주님이십니다. 내 집도 내 재산도 내 기업도 주인은 주님이십니다. 나는 다만 관리자일 뿐입니다. 모든 것은 여호와 하나님께 구별된 것인데 욕심에 눈이 어두워서 내 것으로 착각하고 있는 것입니다.

맺는 말

사람이 살다 보면 앞문이 열려 있을 때도 있지만 닫혀 있을 때가 많습니다. 이런 때 우리는 낙심하지 말아야 합니다. 누가 왜 닫았는가? 열린 문은 없는 가를 살펴보아야 합니다. 무엇보다도 말씀에 순종하고, 하나님의 약속을 믿어야 합니다. 양각나팔(목회자)의 신호에 따라 다 같이 한 음성으로 외치면 성은 무너집니다.

각각 그 힘대로

(행11:27~30)

1. 각각 그 힘대로는 무슨 뜻인가

(1) 달란트 비유에서 볼 수 있는 청지기의 정신을 가르쳐줍니다.

마태복음 25장에 나오는 달란트 비유는 단순한 비유가 아닙니다. 현대 경제학의 근본을 바꾸어준 중요한 경제이론입니다. 미국의 세금의 과세정책이나 사회개혁의 모든 이론이 바로 이 달란트의 비유에서 비롯되었다는 것을 알고 있습니까? 비유의 내용은 간단합니다.

어떤 주인이 타국에 가면서 자기의 소유를 종들에게 맡겼습니다. 어떤 사람에게는 5달란트를, 또 어떤 사람에게는 2달란트를, 또 어떤 사람에게는 1달란트를 맡겼습니다. 맡길 때의 표준은 각자 가지고 있는 재능에 따라 맡긴 것입니다. 오랜 후에 주인이 돌아와 종들과 청산을 하였습니다. 5달란트 받은 사람은 5달란트를 남겼고, 2달란트 받은 사람은 2달란트를 남겼습니다. 그러나 한 달란트 받은 사람은 그것을 땅에 묻어두었다가 그냥 가지고 돌아왔습니다. 이 비유에서 몇 가지 중요한 것을 깨달아야 합니다.

첫째는 하나님께서는 모든 사람들에게 달란트를 맡겼다는 것입니다. 달란트란 본래는 무게를 의미하였습니다. 그러나 여기서는 6,000데나리온에 해당하는 금으로 된 돈을 의미합니다. 따라서 달란트라는 말은 우리들에게 주신 시간, 재능, 물질, 지위 그리고 기회를 의미합니다. 그리고 우리들은 소유주가 아니라 관리자일 뿐이며 중요한 건 맡은 것으로 이익을 남겨야 한다는 것입니다.

둘째는 하나님께서는 맡은 자에게는 반드시 맡은 것에 대한 그 이득을 찾으신다는 것입니다. 왜냐하면 주인의 뜻은 가진 것을 반드시 활용해야 하기 때문입니다. 내 것이 아닌 단순한 관리자이지만 맡은 것을 반드시 활용하라는 것을 요구하시는 것입니다.

셋째로 하나님의 마지막 계산 방법은 맡은 것에 정비례한다는 점입니다. 이것을 청산의 원리라고 말합니다. 그냥 전체적으로 계산하는 것이 아니라 비례적으로 생각합니다. 따라서 5 달란트를 받은 사람은 5 달란트를 남겨야 하고, 2 달란트를 받은 사람은 2 달란트를 남겨야 합니다. 1 달란트를 받은 사람은 1 달란트만 남기면 5 달란트 받은 사람이 5 달란트를 남긴 것이나 2 달란트 받은 사람이 2 달란트 남긴 것과 같은 상을 받고, 인정을 받는다고 했습니다.

넷째로 하나님께서는 우리의 한 것에 따라서 상급과 심판을 결정하십니다. 충성한 사람은 상급이 있고, 불충성한 사람은 심판이 있다는 것입니다. 이 4가지 원리를 청지기 원리라고 합니다.

2. 각각 그 힘대로

이 말씀은 누가복음 16장에 나오는 불의한 청지기의 지혜를 교훈해 줍니다. 불의한 청지기 비유는 참 이상합니다. 왜냐하면 예수님께서 불의한 청지기를 칭찬하였기 때문입니다.

8절에 "주인이 이 옳지 않은 청지기가 일을 지혜 있게 하였으므로 칭찬하였으니 이 세대의 아들들이 자기 시대에 있어서는 빛의 아들들보다 더 지혜로움이니라." 그러나 우리가 알아야 할 것은 주님은 그 청지기가 불의하기 때문에 칭찬한 것이 아닙니다. 불의함에도 불구하고, 일을 지혜 있게 하였기 때문에 그것을 칭찬한 것입니다.

불의한 청지기가 지혜롭게 한 것이 무엇입니까? 그는 주인이 와서 자기의 한 일을 볼 때 해임될 것을 알고 있었습니다. 그래서 해임될 바에는 인심이나 쓰자 하고 일을 꾸몄던 것입니다. 한 사람에게 묻습니다. 당신의 부채가 얼마요? 기름 100말입니다. 그래, 그러면 여기에 50이라고 쓰라. 또 다른 사람에게 묻습니다. 당신은 얼마나 빚을 졌고? 밀 100석입니다. 그래 여기에 80이라고 쓰라. 그 불의한 청지기는 자기에게 있는 권한을 이용해서 인심을 썼다는 점입니다. 그의 지혜는 자신의 때가 이제 얼마 남지 않았다는 것을 알고 있었다는데 있습니다. 그런데 문제는 빛의 자녀란 사람들은 대조적으로 자기의 때가 얼마 남아 있는지를 잘 모르고 있습니다. 그래서 주님은 불의한 청지기에 대한 이 역설적인 칭찬을 통해서 우리에게 깨달음을 주시기를 원했던 것입니다. 그것은 때를 아는 지혜를 말씀하신 것입니다. 우리는 지금 주님의 재림의 때가 임박했다는 것을 깨달아야 합니다. 이제 어떻게든 우리의 남은 시간에 우리의 권한을 이용해서 선한 일을 해야 한다는 것입니다. 때가 항상 있는 것이 아니라는 것을 알아야 합니다. 그것이 지혜입니다.

저는 이 비유에서 좋은 자리에 있을 때 좋은 일 많이 하라는 교훈을 받고 그렇게 살아 왔습니다. 그래서 찾아오는 모든 사람에게 거절하지 않고, 다 들어주려고 했습니다. 왜냐하면 소위 좋은 자리는 항상 내게 주어지는 것이 아닌 것을 알고 있기 때문입니다. 한국에서는 서로 대통령이 되려고 합니다. 그 이유는 그 자리에 있으면 모든 것을 마음대로 할 수 있습니다. 그러나 5년이란 임기가 지나면 그 다음에는 역사와 국민의 준엄한 심판을 받아야 합니다. 어떤 대통령도 그것을 준비한 사람이 없습니다. 다만 정치적으로 무마만 하려고 하다가 다 봉변을 당했습니다. 지금의 우리 자리가 영원한 내 자리가 아닙니다. 언젠가는 그 자리를 빼앗기게 되고, 그 렌트비를 내야 할 때가 옵니다. 그래서 우리는 기회가 있을 때 봉사하고 일해야 합니다.

3. 청지기 엘리에셀의 충성 원리

각각 그 힘대로 라는 말씀은 창세기 24장에 나오는 아브라함의 청지기인 엘리에셀의 충성의 원리를 말해줍니다. 무엇이 충성입니까? 엘리에셀이 한 그 일들이 바로 충성의 원리입니다. 그는 얼마나 충성되었는가 하면 아브라함이 자기의 양자로 삼으려고 했던 것을 보아서 잘 알 수 있습니다. 나아가 가정에 가장 중요한 며느리를 택하는 책임을 맡은 것을 보아도 알 수 있습니다.

그러면 그의 충성의 원리는 무엇일까요?

첫째로 주인의 뜻을 마음에 항상 새겨두었습니다(4).

고향에 가서 선민 가운데, 믿는 자들 가운데서 택하라는 것입니다. 히브리인들의 격언에 '악처는 만년의 흉작'이란 말이 있습니다. 그처럼 결혼은 중요합니다. 그러나 에서는 그런 것에 전혀 관심이 없었습니다. 그러므로 우리는 항상 우리의 주인이 되신 주님의 뜻을 마음에 두어야 합니다.

둘째로 모든 것을 기도로 시작하였습니다(12).

먼저 감사의 기도를 드리고, 다음에는 구체적으로 아브라함의 큰 가정을 이끌어갈 관대함이 며느리 될 사람에게 있는지를 보게 해달라고 했습니다. 너는 물 항아리를 기울여 나로 마시게 하라고 했을 때에 내가 당신의 약대에게도 마시우리라 하면 그는 주께서 이삭을 위하여 정하신 관대한 자라는 것으로 생각하겠다고 하였던 것입니다. 그러므로 우리가 정말 충성된 청지기가 되려면 기도하기를 쉬지 말아야 합니다. 기도는 주님의 뜻을 확인하는 최고의 방법이기 때문입니다.

엘리에셀은 기도할 때 추상적으로 하지 않았습니다. 아주 구체적으로 기도하였습니다. 그것이 참된 기도요 청지기의 자세입니다.

4. 오늘의 본문이 주는 교훈은 무엇인가?

각각 그 힘대로 선한 청지기가 되라는 것입니다.

(1) 선한 청지기는 먼저 주인의 뜻을 알아야 합니다.

주님의 뜻은 성경과 설교를 통해서 알 수 있고, 기도를 통해서 확인할 수 있습니다.

(2) 주인의 뜻에 따라 서로 봉사하는 것입니다(벧전4:10).

"각각 은사를 받은 대로 하나님의 각양 은혜를 맡은 선한 청지기 같이 서로 봉사하라". 은혜는 목회자의 설교만으로 이루어지는 것이 아님을 아십니까? 모든 성도들이 각양 은혜를 맡은 선한 청지기라고 했으니 우리 한 사람 한 사람이 다 중요한 자리에 있는 것입니다.

(3) 주인의 마음에 합당한 자가 되어야 합니다.

다윗이 큰일을 할 수 있었던 것은 하나님의 마음에 합한 자가 되었기 때문입니다. 우리들도 큰일을 하려면 주님의 마음에 합당한 자가 될 때임을 기억하시기 바랍니다.

(4) 더러운 이를 탐하지 않는 것입니다(딛1:7).

왜냐하면 우리들은 우리가 가지고 있는 것의 소유주나 주인이 아닙니다. 우리들은 단순히 주인이신 하나님에게서 모든 것을 빌려 쓰는 사람들입니다.

(5) 자기가 주인으로 착각하지 말 것

빌려 쓰고 있는 동안 렌트비를 내고, 활용하는 것입니다. 그런데 많은 사람들이 자기가 주인인 것으로 착각하고 자기 마음대로 가지려고 하고, 쓰려고 합니다. 바로 여기에 문제가 있습니다. 그래서 렌트비를 안 내려고 합니다. 우리는 이 몸을 하나님에게서 빌렸습니다. 그러므로 렌트비를 내야 합니다. 직장도 하나님이 주신 것입니다. 그것도 렌트비를 내야 합니다. 교회의 직분도 하나님이 주신 것입니다. 그것도 렌트비를 내야 합니다. 렌트비는 모든 사람이 같은 것이 아닙니다. 집에 따라 비용이 다르듯이 하나님이 우리들에게 주신 달란트에 따라 각각 다릅니다. 그러나 한 가지 중요한 것은 각각 그 힘대로 최선을 다해야 한다는 점입니다. 그랬을 때에 우리들은 착하고 충성된 종아 네가 작은 일에 충성하였으니 내가 큰 것으로 네게 맡기리라. 너는 나의 잔치에 참여해서 함께 즐거움을 나누자 라고 할 것입니다.

시험이 왔을 때 이기는 비결

(마4:1~11)

1. 시험의 보편성

시험이 없는 사람은 아무도 없습니다. 심지어 하나님의 아들 예수님까지 시험을 당했습니다. 딤후 3:12절에 "무릇 그리스도 예수 안에서 경건하게 살고자 하는 자는 핍박을 받으리라"고 했습니다. 경건하게 살고자 하는 자는 핍박과 시험이 따른다는 것입니다.

2. 시험의 종류

크게 세 가지 종류의 시험이 있습니다.

첫째는 경제적 시험입니다. 돌로 떡을 만들어야 하는, 먹는 문제로
　　　인한 시험입니다. 하나님에게서 받은 권능을 개인적인 목적
　　　을 위해서 사용하라는 시험입니다.

둘째는 사람들이 보는 앞에서 성전 꼭대기에서 뛰어내려야 하는 시험
　　　입니다. 이것은 인기에 영합하라는 정치적 시험입니다.

셋째는 사탄과 타협을 해야 하는 영적 종교적 시험입니다.

시험하는 자를 중심으로 보면 두 가지 종류의 시험이 있습니다.

1) 시험하는 자란 별명을 가진 사탄마귀의 시험입니다. 사탄마귀의
　　시험은 약 4:7절의 말씀대로 "마귀를 대적하라. 그리하면 너희를
　　피하리라."

2) 우리의 그릇을 점검하시는 하나님의 시험입니다. 놀라운 것은 약
1:13절에 보면 하나님은 "친히 아무도 시험하지 아니하시니라"고
했습니다. 그런데 이상한 것은 창 22:1절에 하나님께서 아브라함
을 시험하시려고 부르셨다고 했습니다.

왜 서로 모순되는 말씀을 했을까요? 그것은 시험이라고 할 때 영어로
는 temtation라는 말과, trial, test라는 두 가지 다른 뜻이 있습니다.
다시 말하면 하나님은 오직 trial, test만 한다는 말입니다.

3. 시험의 때

우리가 알아야 할 것은 예수님의 경우 이 삼대 시험이 유일한 시험이
아니라는 점입니다. 예를 들면 마 16:22절에서 시몬 베드로가 주님의
십자가를 지지 말라고 동정적으로 간하였을 때도 큰 시험이었습니다.
겟세마네 동산에서 십자가를 놓고 기도했을 때에도 주님에게는 큰 시험
이었습니다. 또 눅 22:28절에 주님께서 "너희는 나의 모든 시험 중에
항상 나와 함께 한 자들인즉", 주님이 나의 모든 시험 중에란 말을 사용
하는 것을 보면 주님에게 시험은 계속되었던 것을 알 수 있습니다. 사
실 마가복음에 보면 마귀는 "이에 예수를 떠나고"라고 했으나 그것은 잠
시 잠깐이었을 뿐입니다. 사탄은 계속해서 기회를 기다리다가 시험할
것입니다.

왜 하나님의 아들이신 예수님이 시험을 받았을까요?

세 가지 중요한 이유가 있습니다.

첫째는 순종을 배우기 위해서입니다. 자신의 몸과 마음과 영혼을 아
버지 하나님의 뜻대로 조절하기 위해서는 순종을 배워야만 했
습니다.

둘째는 의를 얻기 위해서입니다. 고후 5:21절에 "하나님이 죄를 알지

도 못하신 자로 우리를 대신하여 죄를 삼으신 것은 우리로 하
여금 저의 안에서 하나님의 의가 되게 하려 하심이니라."
셋째는 우리 인간의 모든 약점을 체험하게 하기 위해서였습니다. 히
2:18절에 "자기가 시험을 받아 고난을 당하셨은즉 시험받는
자들을 능히 도우시느니라."

4. 시험의 장소

사탄만큼 인간의 약점을 잘 아는 존재도 없습니다. 예수님의 경우에
도 사탄은 시험의 장소를 가장 잘 알고 있었고 그것을 교묘하게 이용하
였습니다.

주님의 첫 번째 시험은 광야에서였습니다.

광야의 특징은 먹을 것이 없는 곳입니다. 육체적으로 참기 어려운 곳
입니다. 사탄은 그 약점을 알고 있었습니다.

두 번째 시험은 성전 꼭대기였습니다.

성전에는 많은 사람들이 모이는 곳입니다. 여기서 예수님에게 인기를
얻도록 자극을 한 것입니다.

세 번째 시험은 지극히 높은 산이라고 하였습니다.

높은 산에 올라가면 그 앞에 많은 것들이 보입니다. 집, 들, 건물들을
보이고 나서 사탄은 타협을 하자고 한 것입니다. 얼마나 교활한 자입니
까? 그러므로 한 가지 분명한 것은 이 세상 어디에도 사탄의 시험을 피
할 장소가 없다는 사실입니다.

5. 시험을 이기는 비결은?

(1) 믿음이 있어야 시험을 이길 수 있습니다.

요일 5:4절에 "대저 하나님께로서 난 자마다 세상을 이기느니라. 세

상을 이긴 이김은 이것이니 우리의 믿음이니라." 15절에 "예수께서 하나
님의 아들이심을 믿는 자가 아니면 세상을 이기는 자가 누구뇨?"

주님께 대한 믿음은 보다 구체화되어야 합니다. 고전 10:13절에 "사
람이 감당할 시험밖에는 너희에게 당한 것이 없나니 오직 하나님은 미
쁘사 너희가 감당치 못할 시험 당함을 허락지 아니하시고, 시험당할 즈
음에 또한 피할 길을 내사 너희로 능히 감당하게 하시느니라."

사탄은 크게 세 가지 방향에서 우리를 시험합니다. 요일 2:16절에
"육신의 정욕과 안목의 정욕과 이생의 자랑"이라고 했습니다. 이것은
"다 아버지로 좇아온 것이 아니요 세상으로 좇아온 것이라"고 했습니다.
그래서 약 4:16절에 "이제 너희가 허탄한 자랑을 자랑하니 이러한 자랑
은 다 악한 것이라."

(2) 시험에서 승리하는 비결은 말씀입니다.

아브라함의 경우를 보면 그는 하나님의 말씀을 믿었습니다. 그래서
엡 6:17절에 "성령의 검, 곧 하나님의 말씀을 가지라"고 했습니다. 예수
님의 시험의 경우를 보면 신명기에 있는 말씀을 통해서 사탄을 물리쳤
습니다.

(3) 기도입니다.

기도는 하나님과의 교제입니다. 하나님과의 교제는 우리의 생활에서
가장 소중한 것입니다. 특별히 주님은 그의 사역을 시작하기 전에 40일
을 금식하며 기도했습니다.

마 7:7~8절에 "구하라 그러면 너희에게 주실 것이요, 찾으라 그러면
찾을 것이요 문을 두드리라 그러면 너희에게 열릴 것이니, 구하는 이마
다 얻을 것이요, 찾는 이가 찾을 것이요 두드리는 이에게 열릴 것이니
라."

엡 6:18절에 "모든 기도와 간구로 하되 무시로 성령 안에서 기도하고 이를 위하여 깨어 구하기를 항상 힘쓰며 여러 성도를 위하여 구하라"라고 했습니다.

5. 오늘 삼대 시험이 우리들에게 주는 교훈은?

(1) 경제적인 시험이 가장 많습니다.

우리는 사람이 빵으로만 사는 것이 아님을 알아야 합니다.

(2) 인기를 얻고자 하는 시험입니다.

사람이 배고플 때에는 먹는 것이 전부인 것 같지만 그것이 해결되고 나면 명예욕이 생깁니다. 우리는 사람들에게서 명예를 얻고 인기를 얻는 것에 빠져서는 안 됩니다. 사람들이 보는 것을 의식하고 봉사하면 오래 가지 못해서 실망하고 맙니다. 하나님 앞에서 해야 합니다. 하나님의 인정만으로 기뻐하고 만족해야 합니다.

(3) 타협에서 옵니다.

솔직히 우리는 때때로 혼자 잘난 척하면서 꼭 이렇게 정직하게 살 필요가 있는가 하는 시험을 받을 때가 없지 않습니다. 조금만 타협을 하면 소위 성공할 수 있는 기회가 참 많습니다. 이것을 조심해야 합니다. 성공이란 세상의 표준으로 결정하는 것이 아니고 하나님이 인정해야 하는 것입니다.

여호와가 너의 가운데 계시니

(습3:14~17)

스바냐서는 주전 630년경에 유다에 대해 예언한 3장밖에 안 되는 말씀입니다. 내용은 크게 세 가지로 되어 있습니다. 1장은 심판에 대한 경고, 2장은 회개의 촉구, 3장은 구원에 대한 소망입니다.

본문의 말씀은 흔히 '시온에서 부르는 기쁨의 노래'라고 합니다.

1. 유대인들에게는 소망이 된 예언

본문은 주전 606년과 586년에 유다가 망하기까지는 회개를 촉구하는 말씀이었지만 주전 536년 포로에서 해방되어 조국으로 귀환할 때까지의 유대인들에게는 소망이 된 예언입니다.

（1） 당시의 상황을 살펴보겠습니다.

3장은 포로에서 귀환한 이스라엘 백성들에게 큰 소망을 주었습니다. 당시의 상황은 6절에 잘 표현되고 있습니다. "내가 열국을 끊어 버렸으므로 그 망대가 황무하였고, 내가 그 거리를 비게 하여 지나는 자가 없게 하였으므로 그 모든 성읍이 황폐되며 사람이 없으며 거할 자가 없게 되었노라." 땅은 황폐하여 식량부족으로 인한 굶주림이 심하였고, 질병으로 인해 많은 사람들이 죽고 고통을 당하고 거리가 텅 비게 되었다는 말입니다. 게다가 주변의 강대국들은 먹이를 잡아먹으려는 이리떼처럼 기다리고 있었습니다. 8절에 "나라들을 소집하며, 열국을 모으리라. 온 땅이 나의 질투와 불에 소멸되리라." 바로 이런 때에 큰 소망을 주는 말씀이었습니다.

15절에 "여호와가 너의 형벌을 제하였고" 놀라운 것은 과거형으로 말씀하셨다는 것입니다. 너무도 확실하기 때문입니다. 죄책감으로 인해 고통을 당하는 유다민족에게 이것보다 더 큰 위로는 없었을 것입니다.

다음은 여호와께서 "너의 중에 계시니" 당시 유다인들은 하나님이 우리를 버리고 떠난 것은 아닌가 하는 생각을 가지고 있었습니다. 그러나 본문은 그렇지 않다, 여호와께서 너의 가운데 계신다고 선언해 줍니다.

(2) 두 가지 명령이 있습니다.

첫째는 두려워하지 마라.

성경에 가장 많이 나오는 말씀 중에 하나가 두려워하지 말라는 말씀입니다. 사실 두려움은 의심과 불신앙의 산물입니다. 믿으면 두려움이 떠납니다.

왜 두려움이 무섭습니까?

사기를 저하시킵니다, 온 몸을 마비시킵니다. 일을 하지 못하도록 합니다. 출애굽기 14:12 절에 "애굽 사람을 섬기는 것이 차라리 광야에서 죽는 것보다 낫겠노라"

둘째는 낙심하지 마라.

사탄마귀가 가장 많이 사용하는 무기 중에 하나가 낙심입니다.

그러면 어떻게 낙심을 극복합니까?

참고 견디면 열매를 거둘 때가 올 것을 확신할 때에 우리는 낙심하지 않습니다. 현재 당하는 고난이 장차 받을 영광과 비교가 되지 않는다는 것을 깨달을 때 낙심을 극복할 수 있습니다. 무엇보다 하나님이 우리와 함께 계신다는 것을 믿음의 눈으로 보게 될 때에 낙심에서 벗어날 수 있습니다.

3. 두려워하지 않고 낙심하지 않을 이유는?

(1) "하나님 여호와가 너의 가운데 계시니"(17)

하나님은 어떤 분이시기에 두려워 말고 낙심 말라는 것입니까?

첫째 "그는 권능을 베푸실 전능자시라"

우리의 하나님이 전능자이시기 때문입니다. 그는 세상을 창조하신 분이십니다. 지금도 온 세상을 섭리하시는 분이시기 때문입니다.

둘째 "그가 너로 인하여 기쁨을 이기지 못하여 하시며"

하나님이 기쁨을 이기지 못할 정도로 사랑하시기 때문입니다.

셋째 "너로 잠잠히 사랑하시며"

하나님의 사랑은 잠잠한 사랑이기 때문입니다. 철없는 청소년의 사랑처럼 떠들썩하지 않습니다. 잠잠히 사랑한다는 말은 깊은 사랑을 말합니다.

넷째 "너로 인하여 즐거이 부르면 기뻐하시리라"

전능하신 하나님이 우리를 얼마나 좋아하시는지 노래를 하면서 기뻐하시기 때문입니다.

(2) 하나님이 너희 가운데 계신다는 말은 무슨 뜻입니까?

첫째 능력의 하나님이 우리와 함께 계신다는 뜻입니다.

둘째 도와주신다는 뜻입니다.

셋째 인도하신 다는 뜻입니다.

이처럼 전능하시고 우리를 사랑하시고 기뻐하시는 하나님이 우리와 함께 계시니 두려워하지 말고 낙심하지 말아야 합니다.

선교의 비전을 가지고

(행6:8~15)

본문의 스데반이 순교한 기록은 기독교 선교 역사상 가장 획기적인 사건의 하나입니다.

첫째로 행 8:4절에 "그 흩어진 사람들이 두루 다니면 복음의 말씀을 전할새" 주님이 명령한 지상 명령이 실제적으로 시작되는 계기가 되었다는 것입니다.

둘째로 이 사건으로 인해 기독교를 박해하던 사울로 하여금 세계선교를 이룩한 바울로 변하였다는 점에서 기독교 역사상 하나의 획을 긋는 전기가 되었습니다.

스데반은 어떤 사람이었습니까?

한 마디로 말하면 선교의 비전을 가진 사람이었습니다.

성경을 보면 그를 10가지로 칭찬하고 있습니다. 믿음이 충만한 사람이었고(행6:8), 성령이 충만한 사람이었고(행6:3,5,10), 은혜가 충만한 사람이었고(행6:8), 권능이 충만한 사람이었습니다(행6:8), 또 스데반은 지혜가 충만한 사람이었고(행6:3,10), 평판이 좋은 증거의 사람이었고(행6:3), 위대한 일을 행한 사람이었습니다(행6:8), 또 그는 믿음을 변론한 위대한 변호사였고(행6:10), 첫 번째 집사요(행6:5), 첫 번째 순교자였습니다(행7:59~60). 그는 어떻게 그런 위대한 일을 할 수 있었을까요? 가장 중요한 이유는 선교의 비전을 가졌기 때문입니다.

1. 왜 우리는 선교의 비전을 가져야 하는가?

(1) 선교의 비전이 없으면 우리가 망하고 죽고 말기 때문입니다.

잠언 29:18절에 "묵시가 없으면 백성이 방자히 행하거니와"라고 했습니다. 개인도 가정과 교회도 국가도 비전이 없으면 망합니다. 이처럼 비전은 중요합니다. 더구나 청년들은 비전을 먹고 삽니다.

비전이란 눈을 뜨고 꾸는 꿈을 말합니다. 이 비전이 없으면 아무것도 성취할 수가 없습니다. 결국 우리를 만드는 것은 비전입니다.

주님의 제자들은 주로 세리 마태 같은 천민들과 베드로와 요한 같은 무식한 어부들이었습니다. 그런데도 이들이 세상이 감당할 수 없는 위대한 인물들이 되었던 것은 그들이 가지고 있던 비전 때문이었습니다. 히브리서 11:38절에 "이런 사람은 세상이 감당치 못하도다"라고 했습니다. 주님께서 제자들에게 주신 비전과 성령의 충만 때문에 이들은 세계를 복음으로 정복했던 것입니다.

(2) 선교의 비전은 주님이 주신 최고의 명령이(마28:19~20)

성경에 나오는 위대한 인물들은 다 선교비전을 가진 사람들입니다. 아브라함만 해도 비옥한 갈대아 우르의 본토, 친척, 아비 집을 떠나 가나안으로 간 것은 선민 히브리 민족을 이룩하고 선교하려는 이민의 꿈이 있었기 때문입니다. 야곱이 벧엘에서(창28:10~19) "꿈에 본즉 사닥다리가 땅 위에 섰는데 그 꼭대기가 하늘에 닿았고, 또 본즉 하나님의 사자가 그 위에서 오르락내리락 하였다"는 것은 놀라운 꿈이요 비전입니다. 요셉이 그냥 애굽의 총리가 된 것이 아닙니다. 그에게는 이민의 비전이 있었고(창37:6~9), 어려서 하나님께서 주신 꿈을 계속 간직하였기 때문입니다.

꿈을 가져야 합니다. 선교의 비전을 가져야 합니다. 꿈을 가지고 있는 한 성령의 역사는 일어날 것입니다.

(3) 기이한 행적을 만민 중에 선포

시편 96:3절에 "그 영광을 열방 중에, 그 기이한 행적을 만민 중에 선포 할지어다"라고 했습니다. 다시 말하면 사회 참여를 통해서 하나님께 영광이 되게 하라는 것입니다. 참 교회는 사회에 영향을 주고 사회에 참여해서 하나님의 영광을 드러내는 교회입니다.

(4) 역사의 오메가

역사의 오메가요, 우리의 소망인 예수님의 재림의 때를 위해서 우리는 선교의 비전을 가져야 합니다. 마 24:14절에 "이 천국 복음이 모든 민족에게 증거되기 위하여 온 세상에 전파되리니 그제야 끝이 오리라" 다시 말해서 선교 없이는 역사의 오메가는 오지 않고, 주님의 재림도 지연될 수밖에 없기 때문에 우리는 선교의 비전을 가지고 주의 일을 해야 합니다.

2. 지금 세계의 선교의 현황은 어떤가?

지구의 위도 10도에서 40도 사이를 보면 62개 국가들이 있음을 볼 수 있는데 이곳에 세계인구의 2/3가 삽니다.

이곳에는 이슬람교 신자들이 1/4, 힌두교인이 1/4, 불교는 1/10, 종교를 인정하지 않는 공산주의 국가의 약 40%의 사람들이 살고 있습니다. 그러므로 가장 많은 불신자들이 이 지역에 살고 있습니다.

따라서 사탄의 역사가 가장 많은 이곳에 우리는 선교를 해야 할 사명이 있습니다. 그런데 이 지역의 선교를 담당해야 할 아시아의 교회들은 어떤 상태입니까?

첫째 한국교회를 제외하고는 복음전도의 열정이 부족합니다.

둘째 헌신된 교역자들의 숫자가 한국을 제외하고는 태부족입니다.

셋째 평신도의 제자훈련이 부족해서 평신도 지도자들이 부족합니다.

넷째 교회들이 사회적 책임을 감당하지 않고 있습니다.

다섯째 인본주의 내지는 자유주의 신학의 영향으로 교회들이 방향 설
정을 제대로 못하고 있습니다.

여섯째 기복신앙에 빠져 있고, 신앙과 생활의 불일치로 빛과 소금이
되지 못하고 있는 실정입니다.

부활이요 생명이신 예수님

(요11:17~27)

1. 인간은 근본적으로 가지고 있는 삼대문제가 있습니다.

(1) 죄의 문제

이 문제가 얼마나 심각한가는 신구약성경에 무려 죄란 말이 755번 나옵니다. 인간을 불행하게 만드는 근본이 바로 죄에 있습니다.

(2) 죽음의 문제

인간은 다 죽기를 싫어합니다. 그러나 이 땅에 태어난 사람은 예외 없이 다 죽어야 합니다. 죽음을 준비해야 합니다. 인생은 짧습니다.

(3) 의미의 문제

사람은 누구나 자기가 하는 일이 의미가 있기를 원하고 있습니다. 사람들에게 인정받고 역사적으로 기록되기를 원하고 있습니다. 역사에 남기고 싶은 것이 인간입니다. 사실 우리가 믿는 것도 이 의미의 문제 때문입니다. 왜 선교합니까? 얼굴도 모르고 이름도 모르는 영혼들을 구원하기 위해서 돈을 쓰고 자기의 생명을 바치는 것은 바로 거기에 참 의미가 있기 때문입니다.

2. 죽음의 문제로 고민하는 인생

본문에 보면 큰 일이 벌어졌습니다. 예수님이 사랑하는 나사로가 죽은 것입니다. 나사로는 그 가정의 유일한 남자입니다. 생활의 근거이기도 합니다. 그러므로 나사로의 갑작스러운 죽음은 그 가정에는 청천벽력과 같은 문제였습니다. 나이가 많은 것도 아니고 아직 결혼하기 전이었으니 젊은 나사로가 갑작스럽게 죽었으니 생활문제도 심각한 것이었습니다. 그러나 주님은 죽은 지 나흘이나 되어 냄새가 나는 나사로를 다시 살리신 것입니다.

3. 부활에 대한 4가지 견해

주님께서 나사로를 다시 살리셨을 때에 네 가지의 견해가 있습니다.

(1) 어떤 이 : "곡하러 무덤에 가는 줄로 생각하고 따라가더니".

37절에 비아냥대며 조롱의 말을 했습니다. "소경이 눈을 뜨게 한 이 사람이 그 사람은 죽지 않게 할 수 없었더냐"(37)

절대로 부활은 있을 수 없다는 견해입니다. 지금도 무신론자들은 부활을 부인합니다.

(2) 마르다 : 제한적으로 예수님을 믿었습니다.

21절에 보면 "주께서 여기 계셨으면 내 오라버니가 죽지 아니 하였겠나이다." 이것은 주님께 대한 불평입니다. 또 39절에 "주여 죽은 지 나흘이 되었으매 벌써 냄새가 나나이다." 이것은 지금은 불가능하다는 뜻입니다.

물론 마르다는 주님의 권능을 믿었지만 완전히 썩어서 냄새가 나는 상태이기 때문에 너무 늦었다는 생각이었습니다. 오늘날 대부분의 성도들이 마르다와 같은 상태입니다. 제한된 신앙을 가지고 있는 것입니다.

놀라운 것은 주님은 마르다의 제한된 신앙을 책망하지 않았습니다. 말씀을 통해서 "오라비가 다시 살리라"고 수정해 주십니다. 비로소 마르다는 근본적인 신앙이 회복되었습니다. 그래서 "마지막 날 부활에는 다시 살 줄을 내가 아나이다."라고 고백을 했습니다.

그러나 문제는 여기서 주목할 단어는 '아나이다.'란 말입니다. 아는 것만으로는 부족합니다. 믿어야 합니다. 그래서 주님은 또 계속해서 내가 부활이요 생명이란 말씀을 하셨습니다. 그리고 주님은 마르다의 신앙상태를 다시 점검합니다. "네가 믿느냐?" 이제 마르다는 참 신앙의 소유자가 되었습니다. 27절에 보면 "주는 그리스도시오 세상에 오시는 하나님의 아들인 줄 내가 믿나이다."라고 변화된 모습을 보여줍니다. 그렇습니다. 중요한 것은 아는 것이 아닙니다. 주님이 부활이요 생명인 것을 아는 것으로는 안 됩니다. 믿어야 합니다. 그래야 역사가 나타나고 생명이 나타납니다. 부활의 체험을 할 수가 있습니다.

(3) 마리아 : 마르다는 적극적인 여자였고 마리아는 여성적인 여자

중요한 것은 마리아는 예수님께 향유를 부은 희생적인 여자입니다. 주님의 부활을 믿었음을 보여줍니다.

20절에 "마리아는 집에 앉았더라"는 말씀은 아직 주님께서 오신 것을 듣지 못했습니다. 그러나 29절에 보면 마리아는 주님이 오셨다는 말씀을 비로소 듣고 "급히 일어나 예수께로 가니라"고 했습니다. 이것은 주님을 우선순위의 제일 앞에 두었다는 뜻입니다. 즉각적으로 응답했다는 뜻입니다. 이것은 오늘 우리에게 그러해야 함을 가르칩니다. 주님의 부활을 전달하기 위해 우리는 뛰어야 합니다.

마리아는 주님께 오자마자 신앙고백을 하였습니다. "주께서 여기 계셨으면 내 오라비가 죽지 아니 하였겠나이다." 마르다와 같은 말입니다. 마르다처럼 불평을 한 것입니다. 마르다처럼 제한된 신앙을 가지고 있었던 것입니다.

그러나 주님은 마리아가 우는 것을 보시면서 35절에 "예수께서 눈물

을 흘리시더라." 성경에서 가장 짧은 절입니다만 주님의 사랑을 잘 보여
줍니다. 이 눈물은 죽음과 인간의 고통과 슬픔과 운명을 보시면서 우셨
던 것입니다.

(4) 예수님 : "나는 부활이요 생명이니 나를 믿는 자는 죽어도 살겠
고 살아서 나를 믿는 자는 영원히 죽지 아니하리니 이것을 네가
믿느냐?"

여기서 중요한 것은 내가 너희에게 부활을 준다, 생명을 준다는 것이
아닙니다. 주님 자신이 부활이요 생명이라는 말씀입니다. 물론 예수님
은 그가 믿는 자들에게 부활을 주시고 생명을 주십니다. 그러나 여기서
주님이 말씀하신 것은 주님은 생명의 근원이 되시고 생명의 권능이 되
신다는 말씀입니다. 그러므로 주님은 그가 원하는 자에게 생명을 주시
고 부활케 하시는 분이라는 뜻입니다.

다음으로 중요한 것은 믿는 자에게는 두 가지의 현상이 일어난다고
했습니다.

첫째로 믿는 자는 죽어도 살겠고 했습니다. 이것은 믿는 자는 하나님
의 나라에, 영적인 세계에, 하나님의 면전에서 산다는 것입니
다. 중요한 것은 미래에 그렇게 된다는 것이 아닙니다. 지금
믿고 있는 바로 그 시간에 이 영적인 세계를 체험하게 되고
참 생명을 체험하게 되고, 하나님의 면전에서 참 자유를 누린
다는 것입니다.

둘째로 살아서 주님을 믿는 자에게는 영원히 죽지 않는다는 것입니
다. 물론 외형적으로는 믿는 자도 죽습니다. 그러나 믿는 자
의 개인적인 체험으로는 결코 죽지 않는다는 것입니다. 우리
가 잠을 잡니다. 그러나 눈을 뜨는 순간 또 다른 하루를 체험

하는 것처럼 죽을 때 눈을 감고 다시 뜨는 순간에 하나님 나라에서 산다는 것입니다.

문제는 영생은 조건적입니다. 믿음이란 조건을 가질 때에 영생을 소유하게 됩니다. 믿음이 없이는 결코 영생을 소유할 수가 없습니다. 그래서 예수님은 "아버지께서 나를 보내신 것을 저희로 믿게 하려 함이니이다."(42)라고 했던 것입니다.

4. 부활의 신앙을 갖자

기독교 신앙의 세 기둥은 창조신앙, 부활신앙, 재림신앙입니다.

부활신앙이란 무엇인가?

예수님의 죽으심이 바로 나의 죄를 대신한 대속의 죽으심입니다. 주님은 죽으신 지 사흘 만에 부활하셨다. 그러므로 나의 죄는 다 용서함을 받았다. 나는 지금 죽어도 주님과 함께 부활한다는 믿음입니다. 이 부활신앙이 창조신앙과 재림신앙을 이어주는 다리 역할을 합니다.

5. 부활신앙을 가진 자의 삶은?

(1) 돌을 옮겨놓으라(39).

하나님은 우리가 할 수 있는 것은 우리가 하시기를 원합니다. 그래서 돌을 옮겨 놓으라고 했습니다. 오늘 우리는 여러 가지의 돌을 옮겨놓아야 합니다. 먼저 마음의 돌을 옮겨놓아야 합니다. 그래서 주님이 우리 안에 오실 수 있도록 해야 합니다. 다음에는 나와 다른 사람 사이에 돌을 옮겨놓아야 합니다. 하나님과 우리 사이의 돌도 옮겨놓아야 합니다.

(2) 풀어놓아 다니게 하라(44).

부활한 사람을 묶어두는 것은 잘못입니다. 죽은 사람만 묶어두는 것입니다. 지금 우리는 다 죄악에서 부활하였습니다. 그뿐 아니라 죽음의 사망을 이기신 주님과 함께 영적으로 다시 살아난 것입니다. 그러므로 풀어놓아 다니게 해야 합니다. 하나님의 일을 하게 해야 합니다. 세상에 자신을 묶어두지 않기를 바랍니다. 이것이 부활신앙을 가진 자의 자세입니다.

믿었으나

(요2:23~25)

1. 믿음의 종류

(1) 표적을 구하는 신비적인 믿음

23절에 보면 많은 사람이 예수의 이름을 믿었다고 했는데 그들이 믿은 이유는 무엇이었을까요? 본문에 보면 "그 행하시는 표적을 보고 믿었다"고 했습니다.

성경에는 여러 가지 종류의 이적이 나옵니다. 초자연적인 기적, 하나님의 능력이 나타는 이적, 이적의 의미가 구체적으로 표현되는 표적 등이 있습니다. 그러나 문제는 음란한 세대가 이적을 구합니다. 표적을 구하는 사람들은 감정주의에 빠지기 쉽고, 동양의 신비주의나 범신론, 심지어 점성술에 빠지는 경우가 많습니다. 표적을 구하는 신앙의 문제점은 하나님의 일반은총을 무시하고, 특별은총만을 추구하기 때문에 사회생활을 무시하기 쉽고, 윤리적인 생활에도 문제가 많습니다. 그러나 불행하게도 많은 사람들이 이것이 큰 믿음인 것처럼 착각하고 있습니다.

(2) 지적 믿음

성경에 기록된 것을 받아들이고 믿고, 교리는 잘 알고 있지만 그러나 그것은 머리로만 믿고 있을 뿐, 생활이 전혀 따르지 않는 신앙을 말합니다. 그래서 입으로만 주여 주여 하지 마음은 멀리 떨어져 있는 것입니다. 그러나 기독교에 대해서 잘 알고, 성경에 박식하다고 해서 그것이 믿음은 아닙니다. 믿음의 지적 신앙 이상의 것입니다.

(3) 기복신앙

신명기 28장에 기록된 축복이나 요한삼서 2절에 나오는 "사랑하는 자여 네 영혼이 잘 됨같이 네가 범사에 잘 되고, 강건하기를 내가 간구하노라"는 말씀은 축복만을 바라면서 믿는 경우입니다. 참 신앙은 복을 받을 때만이 아니라 심지어 고난을 받고, 순교를 당해도 믿어야 그것이 산 신앙입니다.

(4) 구원하는 신앙

구원하는 신앙은 참 신앙입니다. 이 신앙은 초자연적으로 주어진 하나님의 선물입니다. 따라서 신앙은 명사형이 아니라 항상 동사형입니다. 하나님의 능력과 역사가 나타나야 신앙입니다. 무엇보다도 구원의 역사가 나타나야 하고, 증거하는 역사가 나타나야 합니다.

2. 구원으로 인도하는 참된 믿음은 구체적으로 어떤 것인가?

신앙이란 말에는 세 가지의 뜻이 있습니다.

첫째로 꼭 붙잡는다는 뜻입니다.

줄을 타고 올라가는 사람이 줄을 놓으면 죽을 줄 알고 꼭 붙잡는 것처럼 예수님을 꼭 붙잡는 것을 말합니다.

둘째로 내어 맡긴다는 뜻입니다.

수영하는 사람이 몸을 물에 완전히 내어 맡기듯이 주님께 나의 모든 문제를 내어 맡기는 것이 바로 신앙입니다. 이것을 우리는 흔히 신뢰한다고 말합니다.

셋째로 영접한다는 뜻입니다.

요한복음 1:12절에 "영접하는 자 곧 그 이름을 믿는 자들에게는 하나님의 자녀가 되는 권세를 주셨으니" 따라서 신앙은 예수님의 주 되심을 인정하고 주님의 통치 아래서 사는 것입니다.

참 신앙은 지·정·의가 다 있어야 참 믿음입니다. 그냥 믿으면 되지 뭘 따지느냐 라고 하는 사람이 있습니다. 그럴듯하지만 그러나 사실은 자기기만입니다. 반드시 성경적으로 말씀대로 믿어야 합니다. 내용을 정확히 알아야 합니다. 바른 지식이 없이 믿기 때문에 광신자들이 생기고 맹목적으로 믿는 사이비 신자들이 생기는 것입니다.

그러나 지식만으로는 참된 신앙이 아닙니다. 그 지식을 받아들이는 감정과 동의가 있어야 합니다. 감정적인 것이 없으면 냉랭하고 우리의 거짓된 장벽이 깨어지지 않습니다. 기독교는 결코 수양이 아니기 때문입니다.

그러나 가장 중요한 것은 의지입니다. 결국 기독교는 사랑이고 실천이고. 참 신자는 섬기는 자입니다. 그것을 우리는 사랑이라고 부릅니다. 그러므로 신앙에는 지·정·의가 다 있어야 합니다. 이 지·정·의가 서로 조화되어야 합니다.

3. 참된 믿음에 이르려면 세 가지 단계를 밟아 올라가야 합니다.

(1) 보고 듣는 단계입니다.

23절에 "그 행하시는 표적을 보고"라고 했습니다. 즉 믿음은 보는 것과 롬 10:17절의 말씀대로 "믿음은 들음에서 나며" 듣는 데서 믿음이 시작합니다. 이 단계는 아직 지적인 단계입니다. 그러므로 이것은 신앙의 시작일 뿐 구원할 만한 믿음은 못됩니다. 이 보고 듣는 단계가 중요한 것은 여기서 하나님의 증거를 받아들이기 때문입니다. 죄를 깨닫게 되고, 범죄 하지 않게 지켜주기 때문입니다.

(2) 말씀에 동의하는 단계입니다.

말씀에 대해서 아멘하고 동의해야 합니다. 그런데 대부분의 사람들은 어떤 말씀은 믿고 어떤 말씀은 안 믿는데 이것은 자신을 속이는 것입니다. 성경은 다 믿든가 아니면 하나도 믿지 않는 것일 뿐입니다.

(3) 개인적으로 진리의 말씀에 따라 헌신하는 단계입니다.

이 단계가 바로 진리가 인격이 되고, 행위가 되고 삶이 되는 마지막 단계입니다.

4. 믿음을 성장시키는 다섯 가지 원리.

영적 성장은 단계적이란 것을 기억하시기 바랍니다. 사닥다리를 올라가는 것처럼 한 단계 한 단계 올라가야 합니다.

(1) 성경공부 없이는 믿음이 성장하지 않습니다.

왜냐하면 성경은 우리의 영적 양식이기 때문입니다.

(2) 기도 생활을 해야 합니다.

기도하지 않으면 시험에 듭니다. 기도하지 않으면 경건에서 떠나게 됩니다. 기도 없이 주님과의 교제가 불가능합니다. 기도는 천국의 창고의 문을 여는 열쇠입니다. 우리가 잊어버린 비결이기도 합니다.

(3) 다른 성도들과 교제해야 합니다.

사람이 사람을 만나고 싶어 하는 것은 자연적인 것입니다. 마찬가지로 신자는 신자들과 만나고 교제하고 싶어 해야 합니다.

(4) 그리스도를 증거 하는 생활을 할 때 비로소 신앙이 자랍니다.

전도는 누구나 다 하는 것이 아닙니다. 오직 주님을 진정으로 영접한 사람만이 합니다.

(5) 하나님께 순종하는 생활을 할 때 신앙이 완성됩니다.

맺는 말

지금 우리들의 문제점은 살아서 움직이는 신앙이 없다는 데 있습니다. 주일에는 신앙이 있는 것 같은데 직장에 가보면 없습니다. 능력이 나타나지 않으면 그것은 참 신앙이 아닙니다. 신앙은 능력입니다. 따라서 신앙에는 변화가 일어나야 합니다. 구원의 역사가 나타나고, 하나님의 능력이 나타나야 합니다. 그런 신앙을 소유하려면 지·정·의를 겸한 신앙이어야 합니다.

형식만으로는 안 됩니다. 살아서 움직여야 합니다. 그러려면 지금의 지적인 신앙에서 말씀에 전적으로 아멘 하는 감정적 동의가 있어야 하고, 더욱 중요한 것은 주님께 온전히 헌신된 신앙이 구원하는 신앙이요 참 신앙입니다.

거듭나지 않으면

(요3:1~15)

1. 거듭남의 필요성

(1) 거듭나지 않으면 하나님 나라를 볼 수 없습니다.

본문 3절에 "사람이 거듭나지 아니하면 하나님 나라를 볼 수 없느니라." 영의 눈이 없으면 영적인 세계를 볼 수 없습니다. 안 보입니다. 어거스틴은 "하나님 없이 사는 사람은 밤중의 생활입니다."라고 했습니다. 그러므로 영적으로 보면서 살려면 먼저 거듭나야 합니다. 거듭나야 영안이 열리고, 진리가 보이고, 하늘나라가 보이고, 하나님을 볼 수 있습니다.

(2) 거듭나지 않으면 하나님 나라에 들어갈 수가 없습니다.

본문 5절에서 주님은 "진실로 진실로 네게 이르노니 사람이 물과 성령으로 거듭나지 아니하면 하나님 나라에 들어갈 수 없느니라". 많은 사람들은 선을 행하면 하나님의 나라에 들어갈 것이라고 착각하고 있습니다. 그러나 율법적인 노력으로도 불가능합니다. 거듭나야 하나님 나라에 들어갈 수 있습니다.

그러면 우리가 보아야 하고, 들어가야 할 하나님 나라가 무엇입니까?

성경에는 하나님의 나라와 하늘나라(천국)가 구별되어 있습니다. 마가나 누가복음에는 하나님의 나라란 말을 사용하고 있고, 마태복음에는 하늘나라란 말이 사용되고 있습니다. 이 두 가지 단어는 실상은 같은 개념입니다.

첫째로 예수님이 바로 하나님의 나라입니다.

이 하나님 나라는 이미 왔습니다.

둘째로 하나님의 통치가 바로 하나님의 나라입니다.

이 하나님 나라는 예수님을 영접할 때에 위로부터 아래로 임합니다.

셋째로 하나님의 통치가 완성되는 나라, 즉 우리가 영원히 살게 될 나라가 바로 하나님의 나라입니다.

이 하나님의 나라는 미래에 완성될 나라입니다.

(3) 거듭나지 않고는 그리스도인의 삶, 천국의 삶을 살 수 없습니다.

왜냐하면 태어나야 자라고, 태어나야 배우고, 태어나야 무엇을 할 수 있습니다. 영적인 세계에서도 마찬가지입니다. 사실 우리는 거듭나기 전에는 진노의 자식들이었습니다. 영적으로 소경이었습니다. 그러므로 거듭나야 합니다.

2. 거듭난다는 말은 무슨 뜻입니까?

크게 세 가지의 뜻이 있습니다.

첫째로 위로부터 태어난다는 말입니다.

둘째로 두 번째 태어난다는 말입니다.

셋째로 영적인 탄생을 말합니다.

육적이거나 물질적인 것이 아닙니다. 위로부터 성령으로 말미암아 새롭게 태어난다는 뜻입니다. 거듭남은 노력하고 힘쓴다고 되는 것이 아닙니다. 하나님의 주권적인 역사입니다. 타락한 인간의 본성이 영적으로 재창조되는 것입니다. 여기서부터 영적인 변화가 시작됩니다. 그러므로 거듭남은 근본적으로 중요한 것입니다.

3. 어떻게 거듭날 수 있습니까?

(1) 물과 성령으로 거듭납니다.

본문 5절에 "진실로 진실로 네게 이르노니 사람이 물과 성령으로 거듭나지 아니하면 하나님 나라에 들어갈 수 없느니라." 그러면 물과 성령으로 거듭난다는 말은 무슨 뜻입니까?

첫째로 물은 아기가 태어날 때의 양수로 해석하는 것입니다.

사람은 양수가 흘러나와 육체가 태어나고, 성령으로 말미암아 영혼이 태어나서 두 가지의 출생이 이루어질 때에 구원을 받는다는 해석입니다.

둘째로 물을 물세례로 해석하는 것입니다.

가톨릭에서 이 해석을 택합니다. 만약 이 해석을 택하면 구약시대의 성도들은 아무도 구원을 받을 수가 없습니다. 또 예수님의 오른편에서 십자가에 달린 강도도 비록 회개를 했고 오늘날 네가 나와 함께 낙원에 있으리라고 했지만 그럼에도 불구하고 물세례를 안 받았으니 구원을 받을 수가 없다는 결론이 됩니다. 그러나 우리는 의식을 통해서 구원을 받을 수가 없습니다. 거듭나야 합니다.

셋째로 물을 성령의 역사로 보는 해석입니다.

다시 말하면 물과 성령이라고 할 때에 '과'라는 단어는 카이란 말인데 그리고 라고도 해석할 수 있으나 본문에 보면 물은 은유적인 의미를 가지고 있는 것을 발견하게 됩니다. 따라서 네 번째의 해석이 좋습니다. 에베소서 5:26절에 "이는 곧 물로 씻어 말씀으로 깨끗하게 하사"라고 했고, 베드로전서 1:23절에 썩지 않는 씨, 즉 하나님의 말씀에 의해서 거듭난다고 했으니 여기서 물을 말씀으로 해석하는 것입니다. 야고보 1:18절에도 보면 "자기의 뜻을 쫓아 진리의 말씀으로 우리를 낳으셨느니라"고 했습니다.

4. 거듭나면 어떤 열매가 맺어집니까?

(1) 세상과 자신을 이김

세상을 이깁니다(요일5:4). 자신을 이깁니다(요일5:8). 지금까지 자신만 추구하던 사람이 하나님의 법을 즐기게 되고, 그 나라와 그 의를 구하게 됩니다.

(2) 새롭게 태어난 성품

영적 사실들을 분별할 뿐 아니라 새롭게 태어난 성품이 열매로 나타납니다.

(3)하나님의 일을 할 수 있습니다.

세상의 일은 세상에 태어나야 할 수 있듯이 하나님의 일은 영적으로 태어나야 합니다.

순종의 철학

(행5:17~32)

　본문의 말씀은 사도들이 감옥에 갇혀 있었을 때 천사들이 와서 저들을 풀어준 사건입니다. 그런데 사도들은 감옥에서 나오는 즉시 성전에서 복음을 전했습니다. 왜 그랬을까요? 바로 복음을 전하라고 하신 주님의 말씀을 순종하기 위해서였습니다. 29절은 베드로와 사도들이 정부당국에서 예수의 이름으로 가르치지 말라고 엄금했는데도 전한 이유에 대해서 대답한 말입니다.

　"사람마다 하나님을 순종하는 것이 마땅하니라."

　물론 이 세상의 정부는 칼을 가진 사람들입니다. 그러므로 순종을 해야 합니다. 그러나 하나님의 뜻과 배치가 될 때에는 하나님께 순종하는 것이 마땅하다는 말씀입니다. 32절은 베드로의 설교 내용의 일부입니다. 죽음을 무릅쓰고 증인이 되는 힘의 근원이 어디에 있는가를 말씀해 주고 있습니다. "하나님이 자기를 순종하는 사람들에게 주신 성령도 그러하니라." 순종할 때에 성령을 주신다는 말씀입니다.

　그래서 성경은 말합니다. "순종이 제사보다 낫고, 듣는 것이 수양의 기름보다 나으니"(삼상15:22). 다시 말하면 예배드리는 것이 중요하지만 그러나 하나님께서 귀하게 보시는 것이 바로 순종이란 것입니다. 그런데 이 세상에는 두 가지 종류의 순종이 있습니다. 한편에는 두려움 때문에 순종하는 사람들이고, 다른 한편에는 사랑하기 때문에 순종하는 사람들입니다. 우리가 국가의 법을 지키고, 순종하는 것은 법에 의한 심판을 두려워하기 때문에 순종하는 것입니다. 그러나 우리 성도들은 주님을 사랑하기 때문에 그의 말씀에 순종하는 사람들입니다.

성경에 나오는 인물들을 보면 다 순종의 사람들입니다. 어느 누구도 순종의 사람이 아닌 사람이 없습니다.

1. 순종이란 무엇인가?

순종이란 단어는 원문의 뜻을 보면 '귀를 기울여 듣는다.'라는 의미와 순순히 따른다는 뜻이 있습니다. 억지로 따르는 것은 복종이지 순종이 아닙니다. 중요한 것은 순종이란 바로 믿음과 동의어라는 점입니다. 그래서 순종은 우리 성도들에게 절대적으로 중요한 것입니다.

그러나 이 시대는 개인의 존엄성을 중요하게 생각하는 민주주의의 시대이기 때문에 순종이란 것이 점점 없어지고 있습니다. 아니 순종을 바보의 철학으로 착각하고 있습니다. 다 자기의 생각과 자기의 주장이 있는데 어떻게 노예처럼 순종할 수 있느냐고 말합니다.

2. 순종을 배우면?

순종하면 하나님의 축복을 받습니다. 그래서 순종해야 합니다. 우리가 하나님의 뜻에 순종하면 모든 것이 순조로우나 거역하고 나의 고집대로 하면 결국 내가 고통을 당하고 실패합니다. 순종을 배워 복을 받고, 순종을 배워서 주의 뜻을 성취하여 드려야 되겠습니다.

순종하면 하나님의 놀라운 기적이 일어나지만. 순종하지 않으면 하나님께서 역사할 수가 없습니다. 지금도 기적이 없는 것이 아니라 순종이 없기 때문에 일어나지 않을 뿐입니다.

3. 어떻게 하면 순종하는 사람이 될 수 있는가?

(1) 먼저 순종은 배워야 순종할 수 있습니다.

사랑은 사랑을 통해서 배우듯이 순종은 순종을 통해서 배웁니다. 말은 입으로 배우고, 지식은 머리로 배웁니다. 심지어 예수님께서도 고난을 통해서 순종을 배웠다고 히브리서 5:8절에서 말씀했습니다.

(2) 순종은 마음에서 우러나와야

순종은 억지로 되는 것이 아니고, 마음에서 우러나와야 하고, 생활화되어야 할 수 있습니다. 한두 번은 누구나 순종할 수 있습니다. 그러나 얼마 지나고 나면 순종하지 않습니다. 생활화되지 않았기 때문입니다.

우리 성도들이 철저한 순종을 배워야 하는 것은 틀림없습니다. 순종을 배우지 못한 사람들은 하나님께 매 맞으며 믿습니다. 스스로 자원하여 순종하지 못하는 사람들은 하나님께서는 부득이 고난으로 순종하게 하십니다.

(3) 순종은 절대적인 믿음을 가질 때에만 가능합니다.

아브라함이 아들 이삭을 바칠 수 있었던 것은 하나님께 대한 절대적인 믿음의 있었기 때문입니다. 오늘날 우리가 하나님께 순종하려면 현실만 보아서는 불가능합니다. 말씀이 믿어질 때 우리는 하나님께 순종할 수 있습니다.

4. 순종의 결과

순종하는 자에게 주시는 축복이 있습니다.

(1) 순종의 종으로

순종함으로 살게 되고(신4:1), 의에 이르게 된다고 했습니다. "순종의 종으로 의에 이르느니라"(롬6:16).

(2) 순종을 배워서

히 5:8절에는 "순종함을 배워서 온전하게" 된다고 했습니다. 주님의 온전함은 그의 고난을 통한 순종의 배움에서 생겼습니다. 중요한 것은 순종을 통해서 우리가 온전에 이르게 된다는 점입니다.

(3) 본문에서는 순종할 때에 성령을 받는다고 했습니다.

"순종하는 자에게 주신 성령도 그러 하니라"(행5:32). 우리가 얼마나 성령의 충만을 기다립니까? 그런데 그것은 순종의 결과임을 믿으시기 바랍니다.

(4) 순종하면 형통하게 됩니다(수1:8).

"기록한 대로 다 지켜 행하라 그리하면 네 길이 평탄하게 될 것이라, 네가 형통하리라."

(5) 순종하고 받는 복

순종하면 자신은 물론(약1:25) 자손까지 복을 받게 됩니다(신5:29).

우리가 잘 아는 신명기 28장에는 1~4절에 순종하는 자에게 주시는 복이 자세히 기록이 되어 있습니다.

우리 모두 순종을 배워서 하나님의 귀한 축복을 받고 후손까지 복을 받아야겠습니다.

하나님이 의탁하는 사람

(행1:15~26)

이 세상에는 세 가지 종류의 사람이 있습니다. 하나는 하나님이 사용하시다가 버린 사람이 있습니다. 사울 왕이나 가룟 유다가 그런 사람입니다. 다음은 하나님께서 어디 보자 하시면서 하는 짓거리를 보는 마치 집행유예를 받은 자와 같은 사람입니다. 그리고 하나님이 의탁하는 사람이 있습니다. 아브라함이나 모세가 그런 사람입니다. 다윗이 그런 사람입니다. 자신을 하나님께 의탁하는 사람이 바로 그런 사람입니다.

1. 하나님이 의탁하실 때 주시는 축복은?

(1) 하나님의 일에 동참

하나님의 하시는 일, 즉 역사를 창조하시는 하나님의 일에 참여하게 됩니다. 가장 보람 있고, 행복한 것은 하나님의 일에 동참하는 것입니다. 인간의 가치는 누구에게 자신을 의탁하느냐에 따라 결정됩니다.

(2) 헌신된 사람에게 주심

헌신된 사람에게는 하나님의 일을 하는데 필요한 모든 것을 주십니다. 하나님은 그의 일에만 동참시키는 것이 아니라 그 일을 하는데 필요한 모든 것을 다 주십니다. 주시되 넉넉하게 주십니다. 그래서 마음껏 일할 수 있도록 해주십니다.

(3) 생명의 면류관, 의의 면류관을 주십니다.

하나님께서 주시는 상급은 면류관으로 대표됩니다. 이것은 인간이 누리는 최고의 행복을 말씀한 것입니다. 면류관에는 두 가지 종류가 있습니다. 하나는 왕이신 예수님만 쓸 수 있는 면류관이 있고 다른 하나는 승리한 자가 쓰는 면류관이 있습니다. 그런데 이 면류관은 먼저 하나님께 자신을 헌신한 사람만이 쓸 수 있습니다. 그래서 순교한 사람이 제일 먼저 면류관을 받게 되고, 다음에는 전도를 가장 많이 한 사람들이 면류관을 받게 되고, 다음에는 교회에서 많은 봉사를 하는 사람이 받게 됩니다.

(4) 모든 일에 주님이 함께 하십니다.

하나님은 동행하는 축복을 주십니다. 하나님은 헌신된 사람, 자신을 하나님께 의탁한 사람에게 동행하시는 축복을 주십니다.

2. 하나님이 무엇을 의탁하는가?

(1) 복음을 우리에게 의탁하십니다.

이것은 많은 사람들의 영적인 생명을 우리들에게 의탁하시는 것을 말합니다. 이것은 천국의 열쇠를 의탁하는 것이나 마찬가지입니다. 얼마나 중요한 것입니까? 복음은 땅에서 매고 푸는 일을 합니다. 복음을 받아들이는 사람은 죄악에서 풀리고, 저주에서 풀리고, 지옥에서 풀립니다. 반대로 하나님의 사랑에 묶여지게 됩니다.

(2) 하나님의 권능을 우리에게 의탁하셔서서 큰일을 하게 하십니다.

(3) 주의 백성들과 이 세상을 우리에게 의탁하십니다.

하나님은 주의 백성들을 헌신된 사람들에게 맡기십니다. 이 세상은 주의 백성들을 위해서 만드신 것인데 그것도 하나님께서 의탁하는 사람들에게 맡기십니다. 지금도 하나님은 이 세상을 관리할 사람들을 찾고 계십니다.

(4) 물질을 우리들에게 의탁하십니다.

하나님은 시대마다 그의 일을 하시기 위해서 사람들을 택하셔서 그들에게 물질을 주십니다. 큰 부자가 되려면 물질을 사랑하는 사람들은 안되고, 사람을 사랑하는 사람들이 됩니다. 혹 벼락부자가 된다고 해도 그런 사람은 얼마 가지 않아서 망하고 맙니다. 그러므로 사람을 사랑해야 합니다.

누가 사람을 사랑하는 사람입니까? 작게는 위해서 기도해주고, 복음을 주고, 크게는 자신의 생명을 헌신하는 사람입니다.

3. 하나님이 의탁하는 사람의 자격은?

(1) 다윗처럼 하나님의 마음에 합한 사람이어야 합니다.

왜 다윗이 하나님의 마음에 합한 사람이었을까요? 의롭기 때문입니까? 아닙니다. 도덕적으로 깨끗하기 때문입니까? 다윗처럼 결함이 많은 사람도 드물 것입니다.

첫째로 다윗은 겸손한 사람이었습니다.

왕으로 있을 때에도 찬양할 때 춤을 출 만큼 아이와 같은 겸손이 몸에 배어 있었습니다.

둘째로 기도와 찬양의 사람이었습니다.

그래서 다윗이 쓴 시편은 전부가 다 기도의 책이요 찬송가입니다.

셋째로 헌신과 충성의 사람이었습니다.

그래서 비록 간음을 하고, 살인을 했어도 하나님께서 사도행전 13:22절에서 내 마음에 합한 사람이라고 칭찬을 하신 것입니다.

(2) 기도를 통해서 하나님과 항상 동행하는 사람이어야 합니다.

에녹이 300년간 하나님과 동행하였다는 것은 기도를 통해서 했다는 뜻입니다. 쉬지 말고 기도하라는 것은 하나님과 항상 동행하기 위해서입니다.

(3) 사람을 사랑하는 마음이 있어야 합니다.

먼저 하나님을 사랑하고, 다음에는 사람들을 사랑하고, 다음에는 자연을 사랑하는 사람이어야 합니다.

이 세상에 업적을 남긴 사람들은 다 사람을 사랑하는 사람들이었습니다. 교회도 그렇습니다. 사람들을 사랑하면 부흥합니다.

(4) 무엇보다도 중요한 것은 헌신된 사람이어야 합니다.

하나님은 자신을 하나님께 맡긴 사람, 즉 헌신된 사람에게 그의 일을 맡기십니다. 하나님께 자신을 맡기면 놀라운 일이 일어납니다. 문제는 우리가 자신을 자기 마음대로 사용하기를 원하는 것입니다. 그러나 하나님처럼 크게 잘 사용할 수는 없습니다. 하나님만이 우리들을 바로 사용하실 수 있습니다.

맺는 말

세상에 그 무엇도 하나님이 의탁하지 않으면 할 수가 없습니다. 왜 나는 그런 높은 자리, 영광의 자리를 주지 않는가 하고 불평하지 마시기 바랍니다. 문제는 내가 하나님께 나 자신을 완전히 의탁하지 않기 때문입니다. 작은 일에 헌신된 사람은 큰 것에도 헌신이 된 사람입니다. 그러므로 내게 맡겨주신 일이 크든 작든 다 자신을 온전히 하나님께 의탁하면 하나님께서도 크고 영광스러운 일들을 우리들에게 의탁하실 것입니다.

나사렛 예수의 이름의 권세로

(행3:1~10)

세상에는 많은 문제들이 있으나 나사렛 예수의 이름의 권세로 해결하지 못할 문제는 없습니다. 오늘은 예수의 이름으로 나면서 앉은뱅이를 일으킨 기적을 살펴보겠습니다. 왜 이런 놀라운 기적이 일어났을까요? 그것은 하나님께서 놀라운 영적 추수를 하기 우해 많은 사람들의 관심을 끌어야 할 필요가 있었기 때문입니다. 또 추수 대행진을 해야 하는 주님의 제자들에게 이런 큰 권능이 필요하였기 때문입니다.

1. 앉은뱅이를 일으킨 기적이 주는 교훈은 무엇인가?

현대를 살아가는 우리들은 영적으로 나면서 앉은뱅이 같습니다. 그래서 우리에게 일어서는 기적이 필요합니다. 영적으로, 도덕적으로, 경제적으로, 정치적으로 일어서야 합니다. 모든 점에서 일어서야 합니다.

2. 앉은뱅이의 특징

앉은뱅이의 모습은 우리의 얼굴이요 현재의 형편입니다.

(1) 소아마비도 아니고 나면서부터 앉은뱅이라고 했습니다.

그러므로 완전한 절망자입니다. 전혀 걸을 수 없기 때문입니다. 아무것도 할 수 없는 무력한 사람이었습니다.

(2) 사람에게 구걸이나 하는 거지입니다.

이 앉은뱅이는 남에게 의존할 수밖에 없는 사람이었습니다. 그것도

40년이 넘도록 걸어본 적이 없는 사람이었습니다.

우리는 영적으로 아무것도 가진 것이 없는 거지입니다. 믿음도, 사랑도, 영력도 없고…… 그러므로 지금의 모습 이대로는 안 됩니다.

(3) 성전 안에 들어가지 못하고 미문 앞에만 앉아 있는 사람입니다.

그는 길가에 앉아서 구걸을 할 수 있을 뿐입니다. 그런데 거기에서는 제사장을 만날 소망도 없고, 하나님의 말씀을 들을 소망도 없었습니다.

지금 이 시대를 살아가는 현대인들이 그렇습니다. 세속의 문화 속에서 하나님의 말씀을 들을 기회가 거의 없습니다. 영적 세계에서 너무 떨어져 살고 있습니다. 그래서 하나님을 만날 기회가 없는 것입니다.

(4) 무엇을 얻을까 하면서 남들이나 바라보는 자입니다.

나면서 앉은뱅이는 자신은 아무것도 못하니까 남들에게 기대를 하고 볼 뿐입니다. 우리는 어떻습니까? 영적세계에 들어가지 못하고 겨우 바라만 보는 자가 아닙니까? 교회의 마당만 밟고 지나가는 사람은 아닙니까?

(5) 앉은뱅이는 은과 금이 삶의 목적인 사람입니다.

그에게는 예술이니 문화니 교양이니 종교니 하는 것은 다 배부른 소리입니다. 앉은뱅이에게는 오직 은과 금만이 인생의 목적입니다. 그것만 있으면 해결이 되기 때문입니다. 우리가 사는 이 시대도 황금만능주의, 물질만능주의의 시대입니다. 그러나 은이나 금에서는 예수님의 권능이 나타나지 않습니다. 그것이 근본적인 것을 채워주지 못하고 해결해주지 못하기 때문입니다.

3. 어떻게 일으킴을 받았습니까?

(1) 사도들을 바라볼 때입니다.

인간에게 있어서 본다는 것은 중요한 의미를 가집니다. 무엇을 보느냐에 따라 그 사람의 미래가 결정됩니다. 민수기에 보면 불 뱀에 물린 이스라엘이 장대에 달린 구리 뱀을 바라보았을 때에 치유함을 받고, 구원함을 받았습니다. 지금은 십자가를 바라보면 구원함을 받습니다. 십자가는 인생의 모든 문제가 해결되는 능력입니다.

(2) 예수 그리스도의 이름으로 명할 때 놀라운 기적이 일어났습니다.

이것은 지금도 마찬가지입니다. 왜냐하면 예수의 이름은 권능이 있는 이름이기 때문입니다. 지금도 예수의 이름으로 명하면 귀신이 쫓겨납니다. 질병이 떠나갑니다. 죄인이 구원을 받습니다.

왜 우리들이 세례를 받을 때에 예수의 이름으로 받습니까? 거듭나게 하는 능력이 있기 때문입니다. 왜 예수의 이름을 부르는 자가 구원을 받습니까? 살리는 권능이 있기 때문입니다. 왜 예수의 이름으로 기도를 합니까? 하나님께서 하늘과 땅의 모든 권세를 예수님께 주셨기 때문입니다.

(3) 사도들이 손으로 일으킬 때에 앉은뱅이가 일어났습니다.

물론 사도들의 손은 연약한 손입니다. 그러나 하나님이 함께하실 때에는 권능의 손으로 변합니다. 그래서 사도들이 안수할 때에 역사가 나타났던 것입니다.

(4) 사도들은 믿음의 권능으로 앉은뱅이를 일으켰습니다.

믿음은 기적을 만드는 원동력이 됩니다. 그런데 문제는 우리에게 초대교회 같은 믿음이 없는 것입니다. 의심이 많습니다. 그러므로 순수한 믿음이 없습니다. 그래서 능력이 나타나지 않습니다.

(5) 기도의 능력을 받아야 기적이 나타납니다.

베드로와 요한은 제9시에 성전에 기도하기 위해서 올라가던 때였습니다. 그 당시 경건한 유대인들은 하루에 세 번씩 기도하였습니다. 다니엘도 하루에 세 번씩 기도하였다고 했습니다(단6:10).

핵심 스마트 설교(3)

하늘에서 주신 바 아니면

2021년 12월 5일 1판 1쇄 인쇄
2021년 12월 10일 1판 1쇄 발행

저　자 신성종
발행자 심혁창
마케팅 정기영
교　열 송재덕
디자인 박성덕
인쇄인 김영배
제　작 송선철
펴낸곳 도서출판 한글

우편 04116
서울특별시 마포구 신촌로 270(아현동)
수창빌딩 903호

☎ 02-363-0301 / FAX 362-8635
E~mail : simsazang@daum.net
창　　업 1980. 2. 20.
이전신고 제2018-000182

* 파본은 교환해 드립니다
* 정가 20,000원

ISBN 97889-7073-596-2-93230